Thomas Kurz

Kaufmann/Kauffrau für Büromanagement

Kundenbeziehungsprozesse
Wirtschafts- und Sozialkunde

Prüfungstrainer Abschlussprüfung
Übungsaufgaben und erläuterte Lösungen

Lösungsteil

Bestell-Nr. 2302

u-form Verlag · Hermann Ullrich GmbH & Co. KG

Deine Meinung ist uns wichtig!

Du hast Fragen, Anregungen oder Kritik zu diesem Produkt?

Das u-form Team steht dir gerne Rede und Antwort.

Einfach eine kurze E-Mail an

feedback@u-form.de

Wichtige und interessante **Zusatzinfos zu deiner Abschlussprüfung** findest du übrigens hier:

2302.dp.u-form.de

BITTE BEACHTEN:

Zu diesem Prüfungstrainer gehören auch noch ein **Aufgabenteil** und ein heraustrennbarer **Lösungsbogen**.

8. Auflage 2026 · ISBN 978-3-95532-302-8

© u-form Verlag | Hermann Ullrich GmbH & Co. KG
Cronenberger Straße 58 | 42651 Solingen
Telefon: 0212 22207-0 | Telefax: 0212 22207-63
Internet: www.u-form.de | E-Mail: uform@u-form.de

Inhaltsverzeichnis Lösungsteil

Seite

Kundenbeziehungsprozesse

1 Kundenorientierte Auftragsabwicklung 5

2 Personalbezogene Aufgaben 37

3 Kaufmännische Steuerung 63

Wirtschafts- und Sozialkunde

4 Stellung, Rechtsform und Organisationsstruktur 99

5 Produkt- und Dienstleistungsangebot 117

6 Berufsbildung 127

7 Sicherheit und Gesundheitsschutz bei der Arbeit 137

8 Umweltschutz 145

Notizen

1 Kundenorientierte Auftragsabwicklung

- Kundenbeziehungen und Kommunikation
- Auftragsbearbeitung und -nachbereitung

1.1 Marktforschung

a)

Bei einer **Marktanalyse** handelt es sich um eine *Zeitpunkt*betrachtung, bei der z. B. die momentane Kundenstruktur untersucht wird. Eine **Marktbeobachtung** erfolgt über einen längeren *Zeitraum,* um z. B. Entwicklungen und Veränderungen im Käuferverhalten zu erkennen. Aufgrund dieser Untersuchungsergebnisse wird dann eine **Marktprognose**, also eine Vorhersage über das zukünftige Marktgeschehen gemacht.

Marktanalyse, Marktbeobachtung und Marktprognose sind die Instrumente der **Marktforschung**.

b)

- Welche Konkurrenzprodukte gibt es?
- Wie ist die Preispolitik der Mitbewerber?
- Welche Trends sind zu berücksichtigen?
- Wie groß ist der Markt?
- Welchen Marktanteil werden die Office Experten voraussichtlich haben?
- Welche Zielgruppen sollen angesprochen werden?
- Wie groß ist die Kaufkraft der Zielgruppen?
- Was sind die Kundenbedürfnisse?

c)

Vorteile:

- Institute beschäftigen Fachleute, die auf Erhebung und Auswertung von Daten spezialisiert sind
- Es muss kein eigenes Personal freigestellt werden
- Vermeidung von Betriebsblindheit
- Evtl. schnellere Informationsbereitstellung

Nachteile:

- Fehlende Branchenkenntnisse (Markt für Büroeinrichtungen) in dem Institut
- Die Auftragsvergabe führt zu hohen Kosten
- Evtl. geringerer Know-how-Aufbau bei den Office Experten, da die Ergebnisse einfach übernommen werden
- Abhängigkeit vom Institut
- Weitergabe von Betriebsgeheimnissen

d)

Es handelt sich um eine **Sekundärerhebung** oder Sekundärforschung. Es können – wie hier – vorhandene betriebsinterne Umsatz- oder Absatzstatistiken, aber auch betriebsexterne Quellen wie z. B. statistische Jahrbücher sein. Bei einer Primärerhebung oder Primärforschung werden dagegen noch nicht vorhandene Daten, z. B. durch Befragungen oder Beobachtungen, erhoben.

Fortsetzung auf der nächsten Seite.

1.1 Marktforschung

Fortsetzung

e)

- Projektziel mit der Geschäftsleitung vereinbaren
- Projektteam zusammenstellen
- Projektziel mit den Teammitgliedern besprechen
- Teilaufgaben festlegen und an die Teammitglieder verteilen
- Teamtreffen planen und moderieren
- Überwachung des Projektfortschrittes
- Entscheidungen vorbereiten und mit der Geschäftsleitung abstimmen

1.2 Auswertung von Kundendaten

a)

Es handelt sich um eine **ABC-Analyse** aus der hervorgeht, dass mit wenigen A-Kunden ein sehr hoher Anteil und mit vielen C-Kunden ein nur sehr geringer Anteil am Gesamtumsatz erzielt wird.

b)

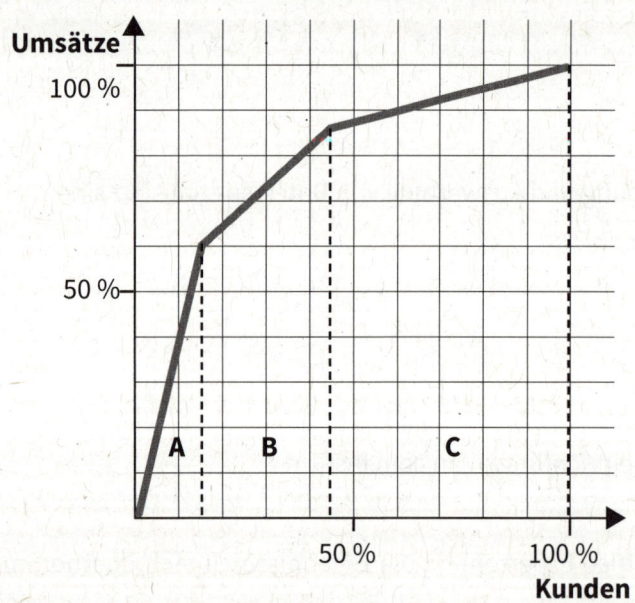

In der grafischen Darstellung der ABC-Analyse erkennt man, dass mit den 15 % der A-Kunden 60 % des Umsatzes, mit insgesamt 45 % A- und B-Kunden zusammen 85 % des Umsatzes und mit allen Kunden 100 % des Umsatzes gemacht werden. Es werden also immer summierte Werte dargestellt.

c)

Da diese Kunden für die Office Experten von besonderer Bedeutung sind, sollten sie besonders gut gepflegt werden, z. B. durch

- Regelmäßige Vertreterbesuche
- Besonders schnelle Angebotserstellungen
- Kulante Reklamationsbearbeitungen
- Einladungen zu Kundenevents

1.3 Kundenorientierte Formulierungen

Aussage gegenüber Kunden	Kundenorientierter Verbesserungsvorschlag	Begründung/Inhalt der Aussage
„Dafür bin ich nicht zuständig."	„Dafür verbinde ich Sie am besten mit meiner Kollegin, Frau Levin, die sich in diesem Bereich gut auskennt."	Ich bin nicht der richtige Ansprechpartner, aber wir werden Ihr Problem lösen.
„Da haben Sie mich falsch verstanden."	„Da habe ich mich missverständlich ausgedrückt."	Dem Kunden wird nicht die Schuld am Missverständnis gegeben.
„Ich glaube, man könnte ..."	„Ich bin sicher, Sie können ... "	Konjunktive sollten vermieden werden. Wer nur glaubt, ist sich nicht sicher.
„Diese Woche läuft hier gar nichts mehr."	„Bis Montagabend bekommen Sie das Angebot per Mail."	Der Kunde hat jetzt einen konkreten Termin.
„Kann ich Ihnen nicht sagen. Unsere Computer streiken wieder mal."	„Kann ich mich dazu im Laufe des Nachmittags noch mal bei Ihnen melden?"	Auch wenn technische Probleme überall vorkommen können, muss man das dem Kunden ja nicht direkt mitteilen. Ihn interessiert auch eher, wann er mit der gewünschten Auskunft rechnen kann.
„Ich habe nichts dagegen."	„Das finde ich gut."	Die Meinung oder Vorstellung des Kunden wird besonders hervorgehoben.
„Sie machen einen Denkfehler."	„Betrachten Sie es einmal aus dem Gesichtspunkt."	Die Formulierung lässt den Kunden weniger dumm aussehen.
„Wir haben alles richtig gemacht."	„Was können wir aus Ihrer Sicht besser machen?"	Die Formulierung bezieht den Kunden aktiv mit ein und ist frei von Vorwürfen.
„Da habe ich keine Ahnung."	„Ich mache mich schlau und melde mich."	Niemand kann alles wissen – aber ich arbeite an der Lösung Ihres Problems.

1.4 4-Ohren-Modell

a)

Im 4-Ohren-Modell, auch Kommunikations- oder Nachrichtenquadrat genannt, werden vier Ebenen einer Äußerung unterschieden:

Sachinhalt: Sachinformation einer Botschaft (worüber ich informiere)

Selbstkundgabe/Selbstoffenbarung: Information des Sprechers über sich selbst (was ich von mir zu erkennen gebe)

Beziehungshinweis: Auskunft über die Beziehung zum Adressaten (was ich von dir halte und wie ich zu dir stehe)

Appell: Wirkungsabsicht des Sprechers (was ich bei dir erreichen möchte)

Ebenen	Aussagen
Sachinhalt	*„Es fehlen immer noch vier der bestellten zehn Schreibtischstühle."*
	„Darüber hinaus sind die Einlegeböden in den Büroschränken offensichtlich mangelhaft."
	„Schließlich wurde beinahe das komplette Verpackungsmaterial Ihrer Möbel unzerkleinert in unsere Abfallcontainer geworfen,…"
	Der Kunde reklamiert fehlende Bürostühle und mangelhafte Einlegeböden. Er beklagt, dass ihm Kosten entstehen, die eigentlich von den Office Experten zu tragen sind.
Selbstoffenbarung	*„Mit der Abwicklung und dem Verhalten Ihrer Mitarbeiter in unserer Geschäftsstelle in Aachen sind wir allerdings absolut unzufrieden."*
	Er drückt damit seine Enttäuschung aus und fühlt sich nicht ernst genommen.
Beziehung	*„Ansonsten sehen wir uns gezwungen, uns zukünftig nach einem anderen Lieferanten umzusehen."*
Appell	*„Wir erwarten, dass Sie die fehlenden Bürostühle bis Ende kommender Woche liefern und den Austausch der kompletten Einlegeböden vornehmen."*

b)

Herr Kapallo sollte Formulierungen wählen, die eine weitere Eskalation verhindern, das Vertrauen des Kunden wiederherstellen und – sofern die Beschwerden berechtigt sind – sobald wie möglich für Abhilfe sorgen.

Formulierungsbeispiele:

„Das sind Sachen, die wirklich nicht passieren dürfen!"

„Selbstverständlich übernehmen wir die Kosten für die Abfallentsorgung. Schicken Sie uns so bald wie möglich eine Rechnung darüber."

„Die fehlenden Bürostühle liefern wir so bald wie möglich. Gerne stellen wir Ihnen bis dahin ein ähnliches Modell zur Verfügung."

„Den Ärger über den Spruch unseres Monteures kann ich gut verstehen. Ich werde ein ernstes Wort mit dem Kollegen sprechen. Das geht gar nicht und wird bestimmt nicht wieder vorkommen".

1.5 Gesprächsregeln/Kommunikationsziele

a)

Fehler: Er durfte den Kunden keinesfalls unterbrechen, sondern hätte ihn ausreden lassen müssen. Aktives Zuhören wäre hier angesagt gewesen. Bei längeren Ausführungen insbesondere am Telefon z. B. durch ein „ja", „mmh" oder „okay" ausgedrückt, gibt es dem Gesprächspartner das Gefühl, dass man ihm zuhört.

Fehler: Er hat keinerlei Verständnis für den Kunden gezeigt. Stattdessen hätte er z. B. sagen können: „Ich kann Ihren Ärger gut verstehen." Das hätte die Situation entspannt, ohne die Kundenbeschwerde als berechtigt anzuerkennen und einen Fehler der Office Experten einzugestehen.

Fehler: Er gibt dem Kunden ohne weitere Rückfragen die alleinige Schuld. Eine mögliche Reaktion wäre gewesen: „Das sollten wir uns mal gemeinsam anschauen und sehen, wie wir das Problem lösen. Kann ich deswegen morgen Vormittag bei Ihnen vorbeikommen (einen Kollegen aus dem Außendienst vorbeischicken)?"

Fehler: Der Tonfall ist generell unangemessen.

b)

Generell gilt, dass unzufriedene Kunden bestenfalls verloren sind. Schlimmstenfalls tragen sie aber ihren Unmut weiter und verschrecken damit andere bestehende und potenzielle Kunden.

Bei der Hochschule handelt sich um einen Kunden, der zukünftig zum echten Großkunden werden könnte, da er weitere Standorte eröffnen möchte und neben den Verwaltungsräumlichkeiten z. B. auch Hörsäle und Seminarräume auszustatten sind. Deswegen hatte sich auch Frau Hauser in die Verkaufsverhandlungen eingeschaltet.

1.6 Argumentationstechniken

a) Bei einer **Einwandvorwegnahme** soll ein mögliches Gegenargument bereits im Voraus entkräftet werden. Der Unterschied zur Einwandumkehr liegt im Zeitpunkt, zu dem das Gegenargument verwendet wird. | 1

b) Bei der **Polarisierung** werden nur zwei Möglichkeiten aufgezeigt. | 4

c) Bei der **Relativierung** werden die Gegenargumente in eine andere Beziehung gesetzt. | 3

d) Bei der **Einwandumkehr** wird ein bereits geäußerter Einwand des Kunden zurückgegeben. Der Unterschied zur Einwandvorwegnahme liegt im Zeitpunkt, zu dem das Gegenargument verwendet wird. | 2

e) **Relativierung** (s. Erklärung zu c). | 3

1.7 Kommunikationsformen

Kommunikation kann **verbal** über die Sprache (Lautstärke, Wortwahl, Betonung, Tonlage, Sprechgeschwindigkeit) oder **nonverbal** über z. B. Gestik, Mimik und Körperhaltung (Blickkontakt, Lächeln, Stirn runzeln, Kopfnicken, Verschränken der Arme) erfolgen.

1.8 Kundentypen

a) **Besserwisser:** Er versucht selbstsicher aufzutreten, korrigiert Sie ständig und lässt Sie nicht ausreden. | 4

b) **Vielredner:** Bereits nach kurzer Zeit kennen Sie die halbe Lebensgeschichte. | 2

c) **Unentschlossener:** Er ist wenig entscheidungsfreudig. | 1

d) **Feilscher:** Er kennt die Preise der Konkurrenz sehr genau und will bei größeren Aufträgen alle Einzelpreise wissen. | 6

e) **Nörgler:** Er ist ständig unzufrieden und macht aus Kleinigkeiten riesige Probleme. | 5

f) **Gestresster:** Er verbreitet Unruhe und Hektik. Gespräche mit ihm werden häufig unterbrochen. | 7

g) **Neugieriger:** Er möchte gerne über jedes Detail genau Bescheid wissen. | 3

h) **Schüchterner:** Er tritt wenig selbstbewusst in Erscheinung und vermeidet Augenkontakt. | 8

1.9 Körpersprache

Zu den **bewussten** Signalen zählen antrainierte oder erlernte Fähigkeiten wie ein gewinnendes Lächeln, ein fester Händedruck, ein gezielter Blick, ein ausdrucksloses Pokerface, Reaktionen wie zustimmendes Kopfnicken oder die einladende Geste beim Öffnen einer Türe.

Mit **unbewussten** Signalen reagiert der Körper auf z. B. angenehme oder unangenehme Gesprächssituationen, Überbringung guter oder schlechter Nachrichten oder in Stresssituationen wie einer Prüfung. Signale sind dann z. B. Schweißausbrüche, leichtes Zittern, Schlucken, Veränderungen der Gesichtsfarbe usw.

1.10 Nonverbale Kommunikation

a)

Untersuchungen zeigen, dass der erfolgreiche Verlauf von Verkaufsgesprächen und Reden entscheidend von Körpersprache und Aussehen, also der nonverbalen Kommunikation, beeinflusst wird.

b)

- Die **Körperhaltung** – Stellung der Füße, Haltung des Oberkörpers und der Schultern – spiegelt den Gemütszustand wider
- Die **Mimik** oder der Gesichtsausdruck – Augen, Mund, Wange, Stirn – zeigt das innere Empfinden
- Die **Gestik** – insbesondere durch Hände und Arme – verstärkt die verbalen Aussagen
- Der **Blickkontakt** stellt unmittelbaren Kontakt zum Kunden oder Zuhörer her

1.10 Nonverbale Kommunikation

Fortsetzung

c)

ca) Lebenspartner, Verwandte und sehr gute Freunde kommunizieren häufig im Bereich der **intimen** Distanz. | 3

cb) Gespräche mit Kollegen, dem Nachbarn oder auf einem Fest finden in der **persönlichen** Distanz statt. | 2

cc) Die **gesellschaftliche** Distanz liegt bei eher unpersönlichen Angelegenheiten wie Kontakt zu Handwerkern, beim Empfang in der Hotellobby usw. vor. | 4

cd) Bei einem Vortrag in einem großen Saal befindet sich der Zuhörer in einer **öffentlichen** Distanz zum Redner. | 1

Die Übergänge sind natürlich fließend und die Distanz kann sich im Laufe der Zeit verändern. So begegnen sich Vertriebsmitarbeiter und Neukunde sicherlich zunächst in einer gesellschaftlichen und später bei gewachsenem Vertrauen vielleicht auch in einer persönlichen Distanz.

1.11 Gesprächsnotizen

a)

- Datum des Anrufs?
- Uhrzeit des Anrufs?
- Wer hat angerufen (Firma und Name)?
- Telefonnummer des Anrufers?
- Für wen war der Anruf?
- Anliegen des Anrufers?
- Was wurde besprochen?
- Meldet sich der Anrufer wieder?
- Erwartet der Anrufer einen Rückruf?
- Wer hat die Gesprächsnotiz verfasst?

b)

- Datum des Gesprächs?
- Dauer des Gesprächs?
- Ggfs. Ort des Gesprächs?
- Thema?
- Gesprächspartner?
- Was wurde vereinbart oder ist zu erledigen?
- Wer ist dafür verantwortlich?
- Bis wann soll das geschehen?
- Wer hat das Gesprächsprotokoll verfasst?

1.12 Kundenzufriedenheitsanalyse

a)

Die Geschäftsleitung möchte Schwachstellen im Produkt- und Dienstleistungsprogramm, in der Auftragsabwicklung sowie dem Auftreten der Mitarbeiter erkennen, um zukünftig erfolgreicher im Markt zu sein. Zufriedene Kunden

- empfehlen das Unternehmen unter Umständen weiter

- kaufen auch in Zukunft weiter beim Unternehmen

- kaufen evtl. auch andere Produkte des Programmes

- sind eher bereit, auch höhere Preise zu akzeptieren

b)

Online-Fragebogen: geeignet für eine größere Kunden- oder Auftragsanzahl

+ Daten können unmittelbar ausgewertet werden,
  freie Wahl des Beantwortungszeitpunktes

– hoher Erstellungsaufwand
  tendenziell niedrige Rücklaufquote

Persönliche mündliche Befragung: sinnvoll insbesondere bei großen Aufträgen durch den verantwortlichen Vertriebsmitarbeiter

+ hohe Auskunftsbereitschaft
  individuelle Nachfragen möglich

– weniger geeignet für das Massengeschäft wegen des höheren Aufwandes
  Ergebnis kann durch den Interviewer beeinflusst werden

Telefonische Befragung durch eigene Mitarbeiter oder ein Call-Center

+ geringere Kosten als persönliche Befragung

– wird von Kunden oft als nervend empfunden

Schriftliche Befragung

+ kein Interviewer notwendig
  freie Wahl des Beantwortungszeitpunktes

– meist niedrigste Rücklaufquote
  Kommunikation ausschließlich über Fragebogen

1.12 Kundenzufriedenheitsanalyse

Fortsetzung

c)

Offene Fragen oder sogenannte W-Fragen geben keine feste Antwortmöglichkeit vor und ermöglichen so, Wünsche und Meinungen der Kunden zu erfahren.

- „Was hat den Ausschlag für/gegen einen Kauf bei uns gegeben?"
- „Weshalb würden Sie uns weiter empfehlen/nicht weiter empfehlen?"
- „Welche weiteren Produkte und Dienstleistungen wünschen Sie sich in unserem Programm?"
- „Wie sind Sie auf uns aufmerksam geworden?"
- „Welche Verbesserungsvorschläge haben Sie?"

Geschlossene Fragen geben Antwortmöglichkeiten vor. Sie können z. B. mit „ja", „nein" oder „ich weiß nicht" beantwortet werden. Damit ist der Kunde in seiner Antwortmöglichkeit stark eingeschränkt.

- „Fühlten Sie sich von unseren Mitarbeitern gut beraten?"
- „Werden Sie uns weiterempfehlen?"
- „Haben unsere Schreibtische ein ansprechendes Design?"
- „Waren Sie mit der Auftragsabwicklung zufrieden?"
- „Sind Sie mit dem Auftreten unserer Mitarbeiter zufrieden?"
- „Ist unser Internetauftritt ansprechend?"

Alternativfragen verlangen eine „Entweder-Oder-Entscheidung".

- „Würden Sie im Falle einer Reklamation die Klärung per Telefon oder E-Mail bevorzugen?"
- „Möchten Sie eine digitale Rechnung oder eine per Post?"
- „Wünschen Sie weiterhin einen gedruckten Katalog, genügt Ihnen unser Online-Katalog oder würden Sie beides zusammen präferieren?"
- „Bevorzugen Sie eher unsere Designer- oder die Traditionell-Serie?"

1.13 Fragetechniken

Nach der **Form** der Fragestellung wird meist unterschieden in:

Offene Fragen werden auch W-Fragen genannt, weil sie meist mit einem Fragewort mit dem Anfangs-buchstaben W beginnen. Sie ermöglichen es, Wünsche und Meinungen ohne vorgegebene Antwortmög-lichkeiten zu erfragen:

- „Was stellen Sie sich vor?"
- „Wie kann ich Ihnen helfen?"
- „Worauf kommt es Ihnen ganz besonders an?"

Bei **geschlossenen Fragen** sind zwei oder mehr Antwortmöglichkeiten vorgegeben:

- „Sollen wir das so machen?"
- „Wie zufrieden sind Sie auf einer Skala von 1 bis 5 mit unserer Beratung?"
- „Sind Sie mit dem Preis einverstanden?"
- „Welches dieser drei Muster gefällt Ihnen am besten?"

Nach **Inhalt, Art oder Zweck** der Fragestellung wir meist folgendermaßen unterschieden:

Auf eine **rhetorische Frage** wird eigentlich gar keine Antwort erwartet. Es wird also Meinungsgleichheit vorausgesetzt.

- „Wer kann sich denn heute noch Büroeinrichtungen ohne GS-Zeichen leisten? Da gibt es doch gleich Stress mit der Berufsgenossenschaft."
- „Glauben Sie wirklich, dass es sich um ein seriöses Angebot handelt, wenn ein anderer Möbellieferant bei angeblich vergleichbarer Qualität 80 % günstiger ist?"
- „Im Empfangsbereich kann sich doch wirklich niemand eine heruntergekommene Einrichtung leisten, oder?!"

Entscheidungsfragen werden auch V-Fragen genannt, weil sie häufig mit einem Verb beginnen. Sie kön-nen häufig nur mit „ja" oder „nein" beantwortet werden.

- „Ich würde Ihnen das Angebot gerne persönlich vorbeibringen. Haben Sie morgen um 16 Uhr Zeit?"
- „Passt Ihnen der 23.4. als Liefertermin?"
- „Haben Sie sich schon mit unserem Angebot beschäftigt?"
- „Haben Sie sich schon für ein Bezugsmuster entschieden?"

Mit **Kontrollfragen** werden Zahlen, Daten und Fakten zur Sicherheit noch einmal abgefragt und überprüft.

- „Es soll also unsere Design-Serie sein?"
- „Ist es richtig, dass die Stühle im Konferenzraum alle ohne Armlehnen sein sollen?"
- „Sie wollen also die zweite Etage zuerst einrichten und dann erst die erste?"

Bei einer **Suggestivfrage** wird die gewünschte oder erwartete Antwort bereits in die Frage eingebettet.

- „Sicher brauchen Sie auch nicht mehr diese altmodischen Hängeregister?"
- „Sie bevorzugen doch auch bestimmt unsere höherwertigen Oberflächen?"
- „Es soll ja bestimmt ein modernes Smartboard in Ihrem Konferenzraum sein?"

1.14 Beschwerdemanagement

a)

Ein effektives Beschwerdemanagement sieht die Beschwerde oder Reklamation eines Kunden als Chance zur Erkennung von Schwachstellen im Betrieb. Ziele sind insbesondere

- Erhöhung der Kundenbindung
- Erhöhung der Kundenzufriedenheit
- Unterstützung des Empfehlungsmarketings
- Produktverbesserung
- Prozessverbesserung
- Imageverbesserung
- Verringerung von Folgekosten durch die Beseitigung von Schwachstellen
- Verbesserung der Marktchancen

b)

Im Rahmen der **Beschwerdestimulierung** müssen unzufriedene Kunden dazu angeregt werden, ihren Ärger der Firma gegenüber auszudrücken.

Bei der **Beschwerdeannahme** geht es darum, den Eingang der Beschwerde zu organisieren. Hier ist eine unverzügliche Reaktion wichtig, aus der für den Kunden hervorgeht, dass seine Beschwerde angekommen ist und schnellstmöglich bearbeitet wird.

In der **Beschwerdebearbeitung** geht es darum festzulegen, wer für welche Beschwerdegründe bis wann verantwortlich ist.

Als Letztes folgt die **Beschwerdereaktion** gegenüber dem Kunden. Sie ist meist einzelfallspezifisch und kann z. B. in Form telefonischer Hilfestellung, Entschuldigung, Preisnachlass, Umtausch usw. erfolgen.

Da beinahe alle Beschwerden auf Schwachstellen bei Produkten oder Prozessen hindeuten, sollten diese unbedingt ergründet und wenn möglich beseitigt werden, um zukünftige Beschwerden zu verringern.

c)

Vorteile eines Gesprächsleitfadens:

- einheitliches Vorgehen bei der Behandlung von Beschwerden
- schnelle, zielorientierte Gesprächsführung
- angemessene Antwortalternativen können vorgeschlagen werden

1.15.1 Projekt

a)

Bei einem Projekt handelt es sich um eine **meist einmalige, zeitlich begrenzte und sehr umfangreiche Aufgabe**, die im Unternehmen durchgeführt wird. Dabei kann es sich z. B. um die Abwicklung eines Groß-auftrages, die Einführung eines neuen Warenwirtschaftssystems, die Integration einer Abteilung in eine andere oder den Aufbau einer Fertigungsstraße handeln.

b)

Einzubeziehende Abteilungen:

Fertigung – kann der Auftrag maschinell und personell abgewickelt werden?

Rechnungswesen – wie hoch werden die Kosten sein?

Vertrieb – gibt es genügend Monteure für den Aufbau vor Ort?

Einkauf – können Einsatzstoffe rechtzeitig beschafft werden?

Personal – wie können evtl. Engpässe aufgefangen werden?

c)

Regeln für eine erfolgreiche Teamarbeit:

- jeder hält sich an getroffene Vereinbarungen
- offener Meinungsaustausch
- Ziele und Meilensteine werden gemeinsam vereinbart
- aktive Teilnahme aller Teammitglieder
- Akzeptanz aller vorgetragenen Meinungen
- Spannungen werden möglichst schnell besprochen und abgebaut

1.15.2 Phasen einer Auftragsabwicklung

a) Angebotserstellung		3
b) Vorkalkulation		2
c) Rechnungserstellung		7
d) Zahlungseingang		8
e) Vertragsverhandlungen		4
f) Versand der Auftragsbestätigung		5
g) Anfrage eines Kunden		1
h) Lieferung und Montage		6

1.15.3 Allgemeine Geschäftsbedingungen

a)

AGB („das Kleingedruckte") sind nach § 305 Abs. 1 BGB alle für eine Vielzahl von Verträgen vorformulierten Vertragsbedingungen, die eine Vertragspartei der anderen Vertragspartei bei Abschluss eines Vertrages stellt.

b)

Der Einsatz der eigenen AGB ist viel einfacher und kostengünstiger, da dadurch für alle Kunden die gleichen Bedingungen gelten und die Risikoverteilung bekannt ist. Die Office Experten müssten sich ansonsten in jedem Einzelfall, insbesondere beim Einsatz fremder AGB, mit den genauen Inhalten auseinandersetzen und evtl. sogar zusätzlichen juristischen Rat einholen. Aus diesem Grund ist die Verwendung der AGB der Biotronic GmbH ungünstig.

c)

Beim **einseitigen** Handelskauf werden die AGB nur dann Bestandteil des Vertrages, wenn der Verbraucher ausdrücklich darauf hingewiesen und ihm die Möglichkeit gegeben wird, in zumutbarer Weise vom Inhalt Kenntnis zu nehmen. Beim **zweiseitigen** Handelskauf können die AGB dagegen auch stillschweigend vereinbart werden.

d)

Um Benachteiligungen des wirtschaftlich schwächeren Verbrauchers zu vermeiden, gelten u.a. folgende Schutzvorschriften:

- Individuelle Abreden haben Vorrang vor den AGB.
- Bestimmungen, die den Vertragspartner unangemessen benachteiligen, sind unwirksam.
- Kurzfristige Preiserhöhungen innerhalb von vier Monaten nach Vertragsschluss sind ausgeschlossen (gilt nicht für Dauerschuldverhältnisse).
- Die gesetzlichen Gewährleistungsrechte können in der Regel nicht eingeschränkt werden.
- Unwirksam ist die Vereinbarung einer Vertragsstrafe, die vom Verbraucher zu zahlen wäre.

1.15.4 Bonitätsprüfung

a)

Sie ist ein Ausdruck der Kreditwürdigkeit eines Kunden und besteht insbesondere aus der

- persönlichen Kreditwürdigkeit des Geschäftsinhabers, bei der insbesondere dessen Zuverlässigkeit sowie die beruflichen und fachlichen Qualifikationen betrachtet werden und der
- wirtschaftlichen Kreditwürdigkeit, bei der es um Liquidität, Ertragskraft, Verschuldung, Marktchancen etc. geht.

b)

Da die Biotronic GmbH vermutlich nicht im Voraus bezahlen wird, würden die Office Experten ein hohes Risiko tragen, wenn der Kunde vor der Bezahlung in wirtschaftliche Schwierigkeiten geriete. Eine Lieferung unter Eigentumsvorbehalt bietet nur einen unzureichenden Schutz, denn die im Zusammenhang mit dem Auftrag erbrachten Dienstleistungen wie z. B. Montage oder die Sonderanfertigungen wären dann wohl endgültig verloren. Also ist es für die Office Experten unerlässlich, vor der Annahme eines so großen Auftrages etwas über die Bonität des Kunden in Erfahrung zu bringen.

c)

Quellen können z. B.

- Auskunfteien wie Schufa, Euler Hermes, Creditreform oder CRIF
- Selbstauskunft
- Geschäftspartner
- Banken und Versicherungen (mit Zustimmung des Kunden)
- Referenzen

sein.

d)

Auch Bestandskunden können in wirtschaftliche Schwierigkeiten geraten und sollten deswegen von Zeit zu Zeit überprüft werden, insbesondere wenn es sich um hohe Auftragsvolumina handelt.

e)

Neben den oben genannten Quellen fließen zusätzlich noch eigene Erfahrungen mit ein. Insbesondere Pünktlichkeit der Zahlungseingänge und Skontoausnutzung sind hier von Bedeutung.

1.15.5 Angebot

a)

Herr Ebert sollte das Angebot unverzüglich widerrufen. Der Widerruf muss spätestens mit dem fehlerhaften Angebot bei der Biotronic GmbH eingehen, ansonsten wären die Office Experten daran gebunden. Er sollte also möglichst sofort telefonisch und/oder per E-Mail widerrufen und ein korrigiertes Angebot ankündigen. Sollte der Widerruf nicht rechtzeitig erfolgen, gäbe es zur Not noch die Möglichkeit der Anfechtung nach § 119 BGB.

b)

Nach § 148 BGB konnte das Angebot der Office Experten nur bis zum 13.02.2026 angenommen werden. Bei einer verspäteten oder veränderten Annahme eines Angebotes handelt es sich nach § 150 BGB um eine Ablehnung verbunden mit einem neuen Antrag (Angebot). Es liegt also jetzt an den Office Experten, dieses neue Angebot anzunehmen oder abzulehnen.

c)

Nach § 147 Abs. 2 BGB wären die Office Experten dann solange an das Angebot gebunden gewesen, wie sie unter regelmäßigen Umständen mit einer Antwort hätten rechnen können. Dazu zählen die Übermittlungsdauer des Angebotes – hier also ein Brief per Post – die Übermittlungsdauer der Annahme auf demselben Weg sowie eine angemessene Überlegungsfrist. Da die Überlegungsfrist natürlich stark vom Sachverhalt abhängig ist – über den Kauf einer Kiste Kopierpapier ist schneller entschieden als über eine Büroeinrichtung im Wert von ca. 135.000 Euro – macht es Sinn, eine Bindungsfrist festzulegen, bevor man sich über die Angemessenheit einer Überlegungsfrist streitet.

d)

Die schriftliche Auftragsbestätigung ist im Falle von Streitigkeiten ein wichtiges Beweismittel bei der Geltendmachung von Ansprüchen.

e)

Ein Antrag unter Anwesenden kann – sofern nach § 148 BGB keine Annahmefrist bestimmt wurde – nach § 147 Abs. 1 BGB nur sofort angenommen werden. Das Angebot war also erloschen als die Verhandlungspartner ohne Einigung auseinander gegangen sind.

f)

Beim Skonto handelt es sich um einen Anreiz zur vorfristigen Zahlung, der von einem wirtschaftlich denkenden Kunden in jedem Falle ausgenutzt wird. So können die Office Experten hoffentlich früher über das Geld verfügen, sparen kostenintensive Mahnungen und verkürzen vor allem das Risiko des Zahlungsausfalles.

1.15.6 Terminüberwachung

a)

Lieferungsverzögerungen führen bestenfalls nur zur Verärgerung bei vorhandenen Kunden. Schlimmer ist es, wenn sich dies herumspricht und potenzielle Neukunden davon erfahren und erst gar nicht anfragen. Darüber hinaus können Lieferungsverzögerungen zu Schadenersatzansprüchen führen. Siehe hierzu die Fragen zum Lieferungsverzug.

b) und c)

Vorwärtsterminierung (progressive Terminierung):

Die Terminierung erfolgt „von links nach rechts", vom Starttermin zum Endtermin. Alle Vorgänge – Materialbeschaffung, Arbeitsvorbereitung, Produktion … – werden jeweils zu den frühestmöglichen Startterminen geplant. So erkennt man den frühestmöglichen Endtermin jedes Vorgangs und des gesamten Projektes.

Vorteil: Geringerer Zeitdruck, daher größere Sicherheit. Verzögerungen z. B. bei Lieferanten oder in der Produktion können eher aufgefangen werden.

Nachteil: Längere unwirtschaftliche Liegezeiten, daher höhere Kapitalbindung und höhere Zinskosten. Risiko, dass vorzeitig fertiggestellte Produkte beschädigt werden.

Rückwärtsterminierung (retrograde Terminierung):

Die Terminierung erfolgt „von rechts nach links", vom Endtermin zum Starttermin. Die Vorgänge werden dabei mit ihren spätestmöglichen Endterminen eingesetzt. Man erkennt den spätestmöglichen Starttermin jedes Vorgangs und des gesamten Projektes.

Vorteil: Vermeidung von Liegezeiten, daher geringere Kapitalbindung und niedrigere Zinskosten.

Nachteil: Hoher Termindruck, daher höhere Störanfälligkeit. Verzögerungen führen automatisch zu einer Verschiebung des Endtermins oder dieser kann nur unter Einsatz zusätzlicher Ressourcen eingehalten werden.

d)

- Darstellung mittels eines Balkendiagrammes (Gantt-Diagrammes)
- Darstellung mittels eines Netzplanes, z. B. mit CPM (Critical-Path-Methode oder Methode des kritischen Weges)

1.15.7 Rechnung und Nachkalkulation

a)

162.792 € – 4.883,76 € = **157.908,24 €**

€						,	
1	5	7	9	0	8	2	4

b)

Da es sich bei dem Kürzungsbetrag um einen Bruttowert handelt, muss der 19 %ige Umsatzsteueranteil herausgerechnet werden, weil es sich dabei um einen durchlaufenden Posten ohne Auswirkung auf den Jahresüberschuss handelt.

$$\frac{4.883,76 \text{ € x } 100}{119 \text{ %}} = 4.104 \text{ €}$$

Der Jahresüberschuss verringert sich um **4.104 €**.

€		
4	1	0	4

c)

		Vorkalkulation		Nachkalkulation	
		%	€	%	€
	Selbstkosten		124.014,95		127.838,15
+	**Gewinn**	7,0	**8.681,05**	3,8	**4.857,85**
=	Barverkaufspreis		132.696,00		132.696,00
+	Kundenskonto	3,0	4.104,00	3,0	4.104,00
=	Zielverkaufspreis		136.800,00		136.800,00
+	Kundenrabatt	10,0	15.200,00	10,0	15.200,00
=	Listenverkaufspreis		152.000,00		152.000,00

Der **Gewinn** ergibt sich als Differenz zwischen dem Barverkaufspreis und den Selbstkosten.

Den **Prozentsatz** kann man dann am Beispiel der Nachkalkulation so errechnen:

$$\frac{4.857,85 \text{ €}}{127.838,15 \text{ €}} \text{ x } 100 \text{ %} = 3,8 \text{ %}$$

oder

$$\frac{132.696,00 \text{ €}}{127.838,15 \text{ €}} \text{ x } 100 \text{ %} – 100 \text{ %} = 103,8 \text{ %} – 100 \text{ %} = 3,8 \text{ %}$$

1.15.8 Kalkulation von Handelswaren

a)

Zunächst muss der Listeneinkaufspreis (gesamt) ermittelt werden.

Eine aufstellbare Präsentationswand besteht aus der Wand und zwei T-Fuß Stativen:

15 Präsentationswände à 88,00 €	=	1.320,00 €
30 T-Fuß Stative à 27,00 €	=	810,00 €
Listeneinkaufspreis gesamt	=	2.130,00 €

Mithilfe des Vorkalkulationsschemas (s. unten) wird nun der **Listenverkaufspreis gesamt** ermittelt (= **3.045,50 €**)

€		,		
3	0 4 5	5 0

und daraus der **Listenverkaufspreis pro Stück**, d. h. 3.045,50 € : 15 = **203,03 €**.

€		,		
	2 0 3	0 3

Erläuterungen:

Bei der **Vorkalkulation** sind die meisten Rechnungen „vom-Hundert"-Rechnungen. Beachten Sie hierzu die schattierten Spalten im unten stehenden Kalkulationsschema. So beträgt der Liefererrabatt 7 % vom Listeneinkaufspreis. Analoges gilt für Liefererskonto, Handelswarengemeinkosten und Gewinnzuschlag. Ab dem Barverkaufspreis geht es dann „im-Hundert" weiter. Schließlich zieht der Kunde den Skonto vom Zielverkaufspreis ab. Der um den Kundenskonto reduzierte Barverkaufspreis beträgt also nur 98 % des Zielverkaufspreises. Entsprechendes gilt für den Kundenrabatt.

Um den Kundenskonto zu erhalten, müssen Sie also rechnen:

$$\frac{2.686,13 \text{ €} \times 2 \text{ \%}}{98 \text{ \%}} = 54,82 \text{ €}$$

Alternativ kann man auch zuerst den Zielverkaufspreis ermitteln:

$$\frac{2.686,13 \text{ €} \times 100 \text{ \%}}{98 \text{ \%}} = 2.740,95 \text{ €}$$

Der Kundenskonto ergibt sich dann als Differenz zum Barverkaufspreis:

2.740,95 € – 2.686,13 € = 54,82 €

		Vorkalkulation (a)					Nachkalkulation (b)		
		%	€				%	€	
	Listeneinkaufspreis		2.130,00	100,0 %					
–	Liefererrabatt	7	149,10	7,0 %					
=	Zieleinkaufspreis		1.980,90	93,0 %	100,0 %				
–	Liefererskonto	3	59,43		3,0 %				
=	Bareinkaufspreis		1.921,47		97,0 %				
+	Bezugskosten		50,00						
=	Bezugspreis / Einstandspreis		1.971,47	100,0 %					
+	Handelswaren- gemeinkosten	25	492,87	25,0 %					
=	Selbstkosten		2.464,34	125,0 %	100,0 %			2.464,34	100,0 %
+	Gewinnzuschlag	9	221,80		9,0 %		**5,7**	**140,26**	5,7 %
=	Barverkaufspreis		2.686,13	98,0 %	109,0 %			2.604,60	97,0 %	105,7 %
+	Kundenskonto	2	54,82	2,0 %			3	80,55	3,0 %
=	Zielverkaufspreis		2.740,95	100,0 %	90,0 %			2.685,15	100,0 %	90,0 %
+	Kundenrabatt	10	304,55		10,0 %		10	298,35	10,0 %
=	Listenverkaufspreis		**3.045,50**		100,0 %			2.983,50	100,0 %

1.15.8 Kalkulation von Handelswaren

Fortsetzung

b)

Der Listenverkaufspreis zu dem tatsächlich verkauft wurde, liegt bei 198,90 € x 15 = 2.983,50 €.

Bei der rückwärts vorgenommenen **Nachkalkulation** (s. Schema auf der vorangehenden Seite) ist die Rechnung genau umgekehrt. Siehe auch hierzu die schattierten Spalten. Die Biotronic GmbH zieht die 3 % Kundenskonto vom Zielverkaufspreis ab. Die Rechnung lautet also:

$$\frac{2.685,15 \text{ € x 3 \%}}{100 \text{ \%}} = 80,55 \text{ € } oder \text{ } 2.685,15 \text{ € x 0,03} = 80,55 \text{ €}$$

Alternativ kann man auch zuerst den Barverkaufspreis ermitteln:

$$\frac{2.685,15 \text{ € x 97 \%}}{100 \text{ \%}} = 2.604,60 \text{ € } oder \text{ } 2.685,15 \text{ x 0,97} = 2.604,60 \text{ €}$$

Der **Gewinn** ergibt sich dann als Differenz zwischen dem Barverkaufspreis und den Selbstkosten:

2.604,60 € – 2.464,34 € = **140,26 €**

€			,		
1	4	0		2	6

Den **Prozentsatz** kann man dann so errechnen:

$$\frac{140,26 \text{ €}}{2.464,34 \text{ €}} \text{ x 100 \%} = \textbf{5,7 \%}$$

%	,	
	5	7

oder

$$\frac{2.604,60 \text{ €}}{2.464,34 \text{ €}} \text{ x 100 \% – 100 \%} = 105,7 \text{ \% – 100 \%} = \textbf{5,7 \%}$$

1.15.9 Gewährleistung – Garantie – Kulanz

Die im BGB geregelte **gesetzliche Gewährleistung** bedeutet, dass der Verkäufer dem Käufer gegenüber in der Regel zwei Jahre dafür haftet, dass die verkaufte Sache nicht mit Fehlern behaftet ist. Das betrifft die Präsentationswand, die ausgetauscht oder repariert werden muss.

Garantie ist eine freiwillig übernommene **vertragliche** Verpflichtung des Verkäufers, die Kosten für die Beseitigung aller innerhalb einer bestimmten Frist auftretenden Mängel entweder ganz oder zumindest teilweise zu übernehmen. Das trifft auf den Schreibtischstuhl zu, der ausgetauscht oder repariert werden muss.

Kulanz ist die freiwillige Übernahme der Kosten für die Beseitigung von Mängeln durch den Verkäufer, ohne dass eine gesetzliche oder vertragliche Verpflichtung besteht. Das betrifft die Fernbedienung des Beamers. Die Gewährleistung ist gerade abgelaufen, ein Garantieanspruch besteht nicht. Trotzdem macht es Sinn, im Hinblick auf die gute Geschäftsbeziehung und mögliche zukünftige Aufträge dem Kunden engegenzukommen und ihm kostenlos Ersatz zu liefern.

Auf Umtausch der unbequemen Stühle besteht keinesfalls ein Rechtsanspruch, es sei denn, vorher wäre ein Umtausch innerhalb einer festgelegten Frist vereinbart worden. Ein Entgegenkommen aus Kulanzgründen ist theoretisch denkbar, aufgrund des hohen Wertes aber eher unwahrscheinlich.

1.16 Eigentumsvorbehalt

a)

Es handelt sich um einen **einfachen** Eigentumsvorbehalt, bei dem der Eigentumsübergang – nicht Besitzübergang – erst nach der vollständigen Bezahlung des Kaufgegenstandes erfolgt. Diese Form des Eigentumsvorbehaltes geht jedoch unter, sobald der Kaufgegenstand verbraucht, an einen gutgläubigen Dritten weiterveräußert oder weiterverarbeitet wird.

b)

Beim **verlängerten** Eigentumsvorbehalt wird deswegen zusätzlich die durch einen möglichen Weiterverkauf entstehende Forderung zur Sicherheit abgetreten (Zession).

Beim **erweiterten** Eigentumsvorbehalt beziehen sich die Vorbehaltsrechte auch auf andere vom selben Lieferanten an den Käufer gelieferte Waren.

1.17 Lieferungs- und Zahlungsbedingungen

a) bis c)

siehe Tabelle

	Lieferungsbedingung	Aufteilung der Versandkosten
a)	Ab Werk, ab Lager	der Käufer trägt alle Versandkosten
b)	Frei Haus, frei Lager, frei Werk	der Verkäufer trägt alle Versandkosten
c)	Unfrei, ab hier	der Verkäufer trägt die Kosten für Anfuhr bis zur Versandstation
	Frei Waggon	der Verkäufer trägt die Kosten für Anfuhr zum Versandbahnhof und Verladung
	Frei, frachtfrei, frei Bestimmungsort	der Verkäufer trägt die Kosten für Anfuhr, Verladung und Fracht bis zum Bestimmungsbahnhof

d)

Bei Sonderanfertigungen oder sehr großen Auftragsvolumina müssten die Office Experten die komplette Vorfinanzierung übernehmen und würden zusätzlich das Risiko eingehen, auf den individuell zugeschnittenen Produkten, die so nicht an andere Kunden verkauft werden können, sitzen zu bleiben. Diese Gefahr besteht insbesondere bei neuen unbekannten Kunden.

e)

Bei einer „Zahlung bei Bestellung" oder „Zahlung im Voraus" werden die unter d) genannten Probleme komplett vermieden.

Bei Vereinbarung einer Anzahlung, z. B. „50 % bei Bestellung, Rest bei Lieferung" oder „30 % bei Bestellung, Rest spätestens 30 Tage nach Lieferung" werden Vorfinanzierung und Risiko zumindest vermindert.

1.18 Zahlungsverzug (Nicht-Rechtzeitig-Zahlung)

a)

Nach § 286 Abs. 3 BGB kommt der Schuldner einer Zahlung in Verzug, wenn er nicht innerhalb von 30 Tagen nach Fälligkeit und Zugang der Rechnung bezahlt. Dabei zählt nach § 187 Abs. 1 BGB der 11.03.2026 nicht mit. Die Löffler GmbH befindet sich seit dem 12.04.2026 in Zahlungsverzug. (11.03.2026 + 30 Tage: Der 11.04.2026 war also der letzte Tag der 30-Tage-Frist).

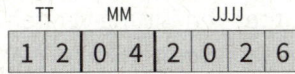

b)

Beim zweiseitigen Handelskauf liegt der Verzugszinssatz nach § 288 Abs. 2 BGB neun Prozentpunkte über dem Basiszinssatz. (Der Basiszinssatz wird zum 01.01. und 01.07. eines Jahres neu festgelegt. In der Abschlussprüfung wird der zu verwendende Basiszinssatz vorgegeben.)

Bei einem Basiszinssatz von 1,27 % bedeutet das also **10,27 %** (1,27 % + 9 %).

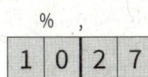

c)

$$\frac{17.750\ € \times 10,27 \times 40}{100 \times 360} = \mathbf{202,55\ €}$$

d)

Nein, das ist nicht zulässig. Nach § 288 Abs. 5 BGB kann die Pauschale nur 40 € betragen.

e)

Nach § 195 BGB gilt die regelmäßige dreijährige Verjährungsfrist, die nach § 199 Abs. 1 BGB am Jahresende des Jahres beginnt, in dem der Anspruch entstanden ist. Die Forderung besteht zwar weiterhin, sie wäre aber mit Ablauf des 31.12.2029 verjährt und damit ab dem **01.01.2030** nicht mehr gerichtlich durchsetzbar. Die Löffler GmbH könnte dann die „Einrede der Verjährung" geltend machen.

1.19 Verjährung

a)

Mit Ablauf des 31.12.2025 verjähren die Forderungen, die im Jahr 2022 entstanden sind. Es müssen also rechtzeitig Maßnahmen ergriffen werden, um dieses zu verhindern.

b)

Unter Verjährung versteht man den Ablauf einer Frist, innerhalb derer ein Anspruch gerichtlich durchgesetzt werden kann. Nach Eintritt der Verjährung besteht die Forderung zwar weiterhin, der Schuldner kann allerdings die „Einrede der Verjährung" geltend machen und die Zahlung verweigern. Eine trotzdem vorgenommene Zahlung kann er mit dem Hinweis auf die eingetretene Verjährung natürlich nicht wieder zurückverlangen.

c)

Hemmung bedeutet, dass die Verjährung um die Zeitspanne der Hemmung verlängert wird. Beim Neubeginn dagegen beginnt die Verjährung in vollem Umfang erneut zu laufen.

d)

	2 Jahre	3 Jahre	10 Jahre	30 Jahre
Herausgabe von Eigentum				x
Forderungen von Privatleuten		x		
Vollstreckbare Ansprüche				x
Mängelrügen aus Kaufverträgen	x			
Ansprüche auf Übertragung des Eigentums an einem Grundstück			x	

e)

	Hemmung der Verjährung	Neubeginn der Verjährung	Keine Änderung der Verjährung
Mahnung per Einschreiben mit Rückschein			x
Schuldner leistet eine Abschlagszahlung		x	
Zustellung eines Mahnbescheides	x		
Stundungsgesuch des Schuldners		x	
Erhebung einer Klage	x		

1.20 Lieferschein

Der Lieferschein ist das in oder an der Verpackung befindliche Begleitpapier einer Warensendung, aus dem die Art und Anzahl der Artikel, Empfängeranschrift, Lieferantenanschrift und Lieferdatum hervorgehen. Auf ihm quittiert der Empfänger die Annahme der Waren.

1.21 Versandmöglichkeiten

a)

Vorteile eigener Fahrzeuge	Nachteile eigener Fahrzeuge
Hohe Flexibilität Unabhängigkeit von Spediteuren und Bahn Fahrzeuge sind auch Werbeträger	Hohe Fixkostenbelastung durch Abschreibungen, Versicherungen, Kfz-Steuern Personalkosten für eigene Fahrer Viele Leerfahrten Risiko fehlender Kapazitätsauslastung Krankheitsbedingter Ausfall von Fahrern

b)

Es könnte sinnvoll sein, eine gesicherte Grundauslastung über eigene Fahrzeuge abzuwickeln und nur die Auslastungsspitzen über Spediteure abzuwickeln. So ist sichergestellt, dass die eigenen Kapazitäten weitestgehend ausgelastet sind und die Fixkosten sich gut auf die Aufträge verteilen (Fixkostendegression!).

Um Leerfahrten in Grenzen zu halten, sollten insbesondere reine Liefergeschäfte – also ohne Montage – zu weit entfernten Kunden von externen Transportunternehmen vorgenommen werden.

Auslieferungen mit Montage beim Kunden werden sinnvoller Weise möglichst immer mit eigenen Fahrzeugen vorgenommen. So können Monteure und Werkzeuge direkt mitgenommen werden.

1.22 Rabatt – Skonto – Bonus

a)

Beim **Rabatt** handelt es sich um einen sofort berücksichtigten Nachlass für den Kunden, z. B. wegen Abnahme einer größeren Menge (Mengenrabatt).

Beim **Skonto** handelt es sich um einen Nachlass für vorfristige Zahlung. So darf der Kunde z. B. 3 % vom Rechnungsbetrag zum Abzug bringen, wenn er schon nach 10 Tagen, statt nach 30 Tagen bezahlt.

Beim **Bonus** handelt es sich um einen meist am Jahresende gewährten nachträglichen Preisnachlass, wenn ein vorher festgelegtes Umsatzvolumen erreicht wird. Z. B. 2 % Bonus, wenn der Umsatz des Jahres 100.000 € überschreitet.

b)

Beim **Rabatt** geht es darum, dem Kunden einen zusätzlichen Anreiz zum Kauf zu bieten, wenn er z. B. möglichst schnell oder möglichst viel kauft oder eben bei der Übernahme von Funktionen für den Verkäufer. Siehe auch Antwort zu c).

Beim **Skonto** geht es darum, dem Kunden einen Anreiz zur schnellen Zahlung zu geben. So können die Office Experten selbst schneller über das Geld verfügen. Vor allem geht es aber darum, die Anzahl teurer Mahnvorgänge zu minimieren und das Risiko des Zahlungsausfalles nur möglichst kurze Zeit zu tragen. Schließlich tragen die Office Experten bis zur Bezahlung jeden Tag das Risiko, dass ein Kunde vielleicht gar nicht mehr bezahlt.

Beim **Bonus** geht es um Kundenbindung. So wird ein Kunde, der bereits für 90.000 € eingekauft hat und mit dem ein 2 %iger Bonus ab einem Jahresvolumen von 100.000 € vereinbart wurde sich sehr genau überlegen, ob es sinnvoll ist einen Auftrag über 15.000 € an einen anderen Lieferanten zu vergeben. Die Überschreitung der Bonusgrenze wäre in diesem Falle immerhin 2.100 € wert.

(90.000 € + 15.000 €) x 2 % = 2.100 €

c)

- **Wiederverkäuferrabatt**, der dafür gewährt wird, dass der Großhandel den Weiterverkauf an den Einzelhandel oder der Einzelhandel den Weiterverkauf an den Endkunden übernimmt
- **Mengenrabatt** bei Abnahme einer größeren Menge
- **Personalrabatt** beim Verkauf an die Mitarbeiter
- **Treuerabatt** für langjährige Kunden
- **Saisonrabatt** in absatzschwachen Zeiten, z. B. für Urlaubsreisen außerhalb der Schulferien
- **Naturalrabatt** in Form von kostenlosen Waren
- **Messerabatt** für während der Messezeit oder auf der Messe vergebene Aufträge
- **Jubiläumsrabatt** bei Geschäftsjubiläen
- **Einführungsrabatt** bei Vorstellung eines neuen Produktes

1.22 Rabatt – Skonto – Bonus

Fortsetzung

d)

Die 10 % für die Überziehung beziehen sich auf ein Jahr. Die (vollen) 3 % werden dafür gewährt, dass anstatt nach 30 schon nach 8 Tagen – also 22 Tage früher – bezahlt wird. Um die Prozentsätze vergleichbar zu machen, müssen also entweder die 3 % auf ein Jahr hochgerechnet oder die 10 % auf 22 Tage heruntergerechnet werden. Der erste Weg führt in einer etwas vereinfachten Form zu folgendem Ergebnis:

$$\frac{3\ \% \times 360\ \text{Tage}}{22\ \text{Tage}} = 49,1\ \%$$

Die Skontoausnutzung lohnt sich also, da das Konto zu einem Zinssatz von 10 % p. a. überzogen wird, der Skontoertrag aber 49,1 % p. a. wert ist.

Die Frage, ob man nach 30 Tagen immer noch in der Überziehung ist, ist übrigens für die Entscheidung, Skonto auszunutzen irrelevant. Auch wenn Skonto nicht ausgenutzt würde, müsste man ja im Zweifel nach 30 Tagen zur Bezahlung dann die Überziehungsmöglichkeit ausnutzen. „Entscheidungsrelevant" sind also nur 22 Tage.

Eine zweite mögliche Rechnung könnte wie folgt aussehen. Man nimmt einen beliebigen Rechnungsbetrag z. B. 10.000 € und überlegt, wie viel € durch die Skontoausnutzung gespart werden.

	10.000,00 €
– 3 %	300,00 €
=	9.700,00 €

Es müsste also z. B. 10 % Zinsen p. a. bezahlt werden für 22 Tage für 9.700,00 €.

$$\text{Zinsen} = \frac{9.700,00\ € \times 10 \times 22\ \text{Tage}}{100 \times 360\ \text{Tage}} = 59,28\ €$$

Der **Gewinn** durch die Skontoausnutzung beträgt also 300,00 € – 59,28 € = 240,72 €

1.23 Annahmeverzug (Nicht-Rechtzeitig-Annahme)

a)

Voraussetzung für den Annahmeverzug sind nach § 293 f. BGB **Fälligkeit** und ein **tatsächliches Angebot**.

Die Auslieferung wurde für den 16.06. des Jahres fix vereinbart und die Office Experten haben versucht, ein tatsächliches Angebot während der üblichen Geschäftszeiten zu machen. Der Annahmeverzug setzt kein Verschulden voraus. Auch liegt keine vorübergehende Annahmeverhinderung nach § 299 BGB vor, denn es war ja gerade ein Leistungszeitpunkt vereinbart worden.

Der Kunde befindet sich also im Annahmeverzug.

b)

Nach § 300 Abs. 1 BGB haben die Office Experten während des Annahmeverzuges nur Vorsatz und grobe Fahrlässigkeit zu vertreten. Die Gefahr ist nach § 300 Abs. 2 BGB zum Zeitpunkt der gescheiterten Ablieferung auf den Kunden übergegangen. Der Kunde muss also den Schaden an den Büromöbeln tragen, denn ohne den Annahmeverzug wären sie ja gar nicht beschädigt worden. Eventuell kann er allerdings vom Unfallverursacher Schadenersatz verlangen.

c)

Die Office Experten können nach § 304 BGB Ersatz der Mehraufwendungen vom Kunden verlangen. Das sind hier insbesondere die Kosten der Einlagerung (Lagerfläche, Ein- und Auslagerung) sowie die Kosten der erneuten Anlieferung. Da es sich um einen zweiseitigen Handelskauf handelt, hätte die Ware nach § 373 Abs. 1 HGB auch in einem öffentlichen Lagerhaus hinterlegt werden können.

1.24 Lieferungsverzug (Nicht-Rechtzeitig-Lieferung)

a)

Voraussetzung für den Lieferungsverzug sind **Fälligkeit** und **Verschulden**.
Dabei kommt der Lieferant nach § 286 Abs. 2 BGB auch ohne Mahnung in Verzug, wenn die Lieferung kalendermäßig bestimmbar ist. Diese Voraussetzung – Fälligkeit – ist durch die Zusage für Ende September erfüllt.
Nach § 286 Abs. 4 kommt der Schuldner dann nicht in Verzug, solange die Leistung infolge eines Umstands unterbleibt, den er nicht zu vertreten hat. Wenn die Office Experten mehr Aufträge angenommen haben als sie abwickeln können, liegt also Verschulden vor.
Die Office Experten befinden sich im **Lieferungsverzug**, da beide Voraussetzungen erfüllt sind.

b)

Es liegt **kein** Lieferungsverzug vor.
Zwar war die Leistung fällig, jedoch fehlt es am Verschulden. Den Wasserrohrbruch haben die Office Experten sicherlich nicht vorsätzlich oder grob fahrlässig verursacht.

c)

Auch hier liegt **kein** Lieferungsverzug vor.
Da die Leistung nicht nach dem Kalender bestimmt ist müsste der Kunde nach § 286 Abs. 1 BGB zunächst einmal mahnen. Eine Klage des Kunden oder die Zustellung eines Mahnbescheides haben nach § 286 Abs. 1 BGB die gleiche Wirkung.

d)

Zu den **vorrangigen** Rechten zählt der Anspruch auf **Erfüllung** des Vertrages. Dies ist sinnvoll, wenn der Käufer unbedingt diese ganz bestimmten Möbel haben möchte und dies bei einem anderen Lieferanten vielleicht gar nicht oder eben nur mit noch größerer zeitlicher Verzögerung möglich wäre.

e)

Aus Kundensicht sinnvoll wäre in diesem Fall der Anspruch auf **Erfüllung und Schadensersatz**. Hier könnte der Kunde einen **konkreten** Schadensersatzanspruch in Höhe der Kosten für die zusätzlich notwendigen Transporte sowie den Auf- und Abbau geltend machen. Auch hierbei handelt es sich um ein **vorrangiges** Recht.

f)

In diesem Fall wäre der **Rücktritt** vom Vertrag für den Kunden sinnvoll. Dieses **nachrangige** Recht ist für den Schuldner – hier also die Office Experten – besonders ungünstig, da er seine Ware zurücknehmen muss. Daher müsste der Kunde hier zunächst eine angemessene Nachfrist setzen. Diese kann im Falle eines Fixkaufs entfallen.

g)

In diesem Fall ist es sinnvoll, das Recht **Schadensersatz statt Leistung** zu beanspruchen. Auch dieses ist ein **nachrangiges** Recht, welches nur nach einer angemessenen Nachfrist geltend gemacht werden kann. Siehe Erläuterungen zu f). Hier müssten die Office Experten den konkreten Schaden in Form der Mehrkosten ersetzen.

h)

Auch in diesem Fall ist es sinnvoll, das Recht **Schadensersatz statt Leistung** zu beanspruchen. Siehe Erläuterungen zu g). Hier müssten die Office Experten den abstrakten Schaden in Höhe des entgangenen Gewinnes ersetzen.

1.25 Mangelhafte Lieferung

a)

Bei dem Kratzer handelt es sich um einen **offenen Mangel**, der sofort erkennbar ist.

Bei dem Schlüssel, der sich nicht abziehen lässt, handelt es sich um einen **versteckten Mangel**, der nicht sofort erkennbar ist.

Bei den fehlerhaften Halterungen handelt es sich ebenfalls um einen versteckten Mangel, aber auch um einen **arglistig verschwiegenen Mangel**, da er den Office Experten bekannt war.

b)

ba)	Mangel in der Montageanleitung	3
bb)	Mängel in der Art	4
bc)	Mängel im Recht	5
bd)	Quantitätsmangel	2
be)	Qualitätsmangel	1

c)

Nachbesserung oder **Ersatzlieferung**

Nach § 439 BGB hat der Käufer das Recht nach seiner Wahl die Beseitigung des Mangels oder die Lieferung einer mangelfreien Sache zu verlangen. Der Verkäufer hat die zum Zwecke der Nacherfüllung erforderlichen Aufwendungen, insbesondere Transport-, Wege-, Arbeits- und Materialkosten zu tragen. Der Verkäufer kann die vom Käufer gewählte Art der Nacherfüllung verweigern, wenn sie nur mit unverhältnismäßigen Kosten möglich ist.

d)

Minderung des Kaufpreises, Rücktritt vom Kaufvertrag, Schadensersatz

Die Ausübung dieser Rechte ist in der Regel nur nach einer angemessenen Nachfrist möglich. Die Nachfrist ist nach § 440 BGB nicht erforderlich, wenn der Verkäufer die Leistung verweigert, zwei Nacherfüllungsversuche fehlgeschlagen sind, die Nacherfüllung unzumutbar ist oder es sich um einen Fixkauf handelt.

e)

01.04.2028

Nach § 438 BGB beträgt die Verjährungsfrist zwei Jahre beginnend mit der Ablieferung der Sache. Die Daten der Rechnungsstellung oder der Bezahlung spielen für die Verjährung der Ansprüche aus der Mängelrüge keine Rolle.

TT		MM		JJJJ			
0	1	0	4	2	0	2	8

1.26 Rechnungsbestandteile

– Es fehlt eine Rechnungsnummer

– Es fehlt das Ausstellungsdatum der Rechnung

– Es fehlt die Angabe des Umsatzsteuersatzes (19 %)

– Es wurde mit 7 % statt 19 % Umsatzsteuer gerechnet

Die gesetzlichen Bestandteile einer Rechnung nach § 14 Abs. 4 UStG sind:

- Vollständiger Name und Anschrift des leistenden Unternehmers und des Leistungsempfängers
- Steuernummer oder Umsatzsteueridentifikationsnummer
- Ausstellungsdatum der Rechnung
- Fortlaufende Rechnungsnummer
- Menge und handelsübliche Bezeichnung der gelieferten Gegenstände oder die Art und den Umfang der sonstigen Leistung
- Zeitpunkt der Lieferung bzw. Leistung
- Nach Steuersätzen und -befreiungen aufgeschlüsseltes Entgelt
- Im Voraus vereinbarte Minderungen des Entgelts
- Entgelt und hierauf entfallender Steuerbetrag sowie Hinweis auf Steuerbefreiung
- Ggf. Hinweis auf die Steuerschuld des Leistungsempfängers

1.27 Erfüllungsort

Information

Der Ort, an dem und von dem aus der Schuldner leisten muss, heißt **Erfüllungsort**.

Vertraglich kann jeder Ort als Erfüllungsort vereinbart werden. Oft setzt sich der wirtschaftlich stärkere Vertragspartner mit der Vereinbarung durch: „Ausschließlicher Erfüllungsort für beide Teile ist ...", wobei er den Ort seines Firmensitzes wählt.

Bei Fehlen einer Vereinbarung gilt nach dem Gesetz der Wohn- und Geschäftssitz des Schuldners als Erfüllungsort. Da es beim Kaufvertrag zwei Schuldner gibt, ist der

– Erfüllungsort für die **Lieferung** der Sitz des **Verkäufers**,

– Erfüllungsort für die **Zahlung** der Sitz des **Käufers**.

Nach § 29 ZPO ist für Klagen aus dem Kaufvertrag der Gerichtsstand des Erfüllungsortes zuständig.

Der Gerichtsstand ist der Sitz des für den jeweiligen Erfüllungsort zuständigen Gerichts.

Erfüllungsort und Gerichtsstand können also geographisch voneinander abweichen.

---

a) Mangels anderer Vereinbarung ist **Langenfeld** der gesetzliche Erfüllungsort für die Lieferung und damit der Gerichtsstand für die Klage auf Lieferung. | 2

---

b) Da ausdrücklich der Sitz der Lieferfirma als Erfüllungsort vereinbart war, ist **Langenfeld** auch der Gerichtsstand für eine Zahlungsklage. | 2

---

c) Da diese vertragliche Vereinbarung von der gesetzlichen Regelung nicht abweicht, ist **Langenfeld** Erfüllungsort und damit Gerichtsstand. | 2

---

d) Da **Frankfurt am Main** der gesetzliche Erfüllungsort für die Zahlung ist und keine anderslautende Vereinbarung getroffen wurde, muss hier die Zahlungsklage eingereicht werden. | 1

---

2 Personalbezogene Aufgaben

Notizen

2.1 Anpassung der Personalkapazität

Kurzfristige Anpassungsmaßnahmen	Langfristige Anpassungsmaßnahmen
Abbau von Überstunden	Vorzeitiger Ruhestand
Kurzarbeit	Entlassungen
Abbau von Leiharbeitern	Aufhebungsverträge
Abbau von Urlaubstagen	Nichtersetzen natürlicher Fluktuation
Verringerung der Fremdvergabe von Aufträgen	Auslaufenlassen befristeter Arbeitsverträge

2.2 Personalbedarfsplanung – Altersstruktur

I Altersstruktur

a)

Die Altersstruktur der Gesamtbelegschaft ist zufriedenstellend, da alle Altersgruppen gut vertreten sind und genügend jüngere Mitarbeiter zum Nachrücken für ausscheidendes oder in Führungsaufgaben wechselndes Personal bereitstehen. Die Gruppe „56 und älter" ist dabei vielleicht etwas zu stark vertreten und sollte, bezogen auf die Abteilungen, näher betrachtet werden. Siehe auch Antwort zu c).

b)

Im Rechnungswesen liegt eine gute Verteilung auf die Altersklassen vor, was insbesondere im Hinblick auf Erfahrung und Nachfolgeregelungen wichtig ist.

c)

In der Personalabteilung sitzen ausschließlich Mitarbeiter in der ältesten Gruppe. Damit besteht eine erhöhte Gefahr, dass in näherer Zukunft alle Mitarbeiter ausscheiden und damit wichtiges Wissen und Erfahrungspotenzial verloren geht. Hier sollte dringend für jungen Nachwuchs gesorgt werden.

Fortsetzung auf der nächsten Seite.

2.2 Personalbedarfsplanung – Altersstruktur

Fortsetzung

II Quantitative Personalbedarfsplanung

a)

	Bruttobedarf	20
–	Istbestand	16
+	Abgang wg. Rente	1
+	Abgang wg. Befristung*	2
+	Abgang wg. Versetzung	1
+	sonstiger Abgang	1
–	Übernahme von Auszubildenden	1
–	Rückkehr aus Elternzeit	2
–	Übernahme befristet Beschäftigter*	1
=	**Nettobedarf**	**5**

*Der als Elternzeitvertretung befristet eingestellte Mitarbeiter, der in ein unbefristetes Arbeitsverhältnis übernommen wird, taucht in der obigen Darstellung zweimal auf – einmal beim Abgang wg. Befristung und einmal bei der Übernahme befristet Beschäftigter. Die Positionen heben sich also gegenseitig auf.

b)

Bruttobedarf ist der geplante Bestand von 20 Mitarbeitern am Jahresende.

Nettobedarf ist die Anzahl Mitarbeiter, die neu eingestellt oder entlassen werden müssen, um den Bruttobedarf zu erreichen. Hier also 5.

Neubedarf ist der über den bisherigen Bestand hinausgehende Personalbedarf wegen Kapazitätserweiterungen, Arbeitszeitverkürzungen usw. Hier also 4.

Von **Minderbedarf** oder Personalabbau spricht man, wenn der Istbestand größer als der Bruttobedarf ist.

Ersatzbedarf ist der Bedarf, der dadurch verursacht wird, dass Mitarbeiter z. B. durch Kündigung, Pensionierung oder Tod ausscheiden und ersetzt werden müssen.

Zusatzbedarf ist der Bedarf, der kurzfristig durch saisonale Schwankungen entsteht.

c)

- Tod
- Kündigung durch den Mitarbeiter
- Kündigung durch die Firma
- Berufsunfähigkeit
- Umstellung auf Teilzeit
- Sabbatjahr

2.3 Interne oder externe Personalbeschaffung

a)

Nach § 92 BetrVG handelt sich um ein **Mitwirkungsrecht**. Das heißt, der Betriebsrat muss vom Arbeitgeber nur unterrichtet und die Maßnahmen müssen beraten werden. Bei einem Mitbestimmungsrecht wäre die Zustimmung des Betriebsrates einzuholen.

b)

Mitarbeiter des Betriebes, die einen anderen Tätigkeitsbereich und/oder Führungsaufgaben übernehmen wollen, sollen so auf frei werdende Stellen aufmerksam gemacht werden.

c)

Nein. Nach § 93 BetrVG kann der Betriebsrat die Ausschreibung verlangen.

d)

Vorteile **interner** (und damit gleichzeitig Nachteile externer) Personalbeschaffung:

- Mitarbeiter werden motiviert weil sie sehen, dass sie auch im eigenen Unternehmen Aufstiegs- oder Veränderungschancen haben
- Kompetenzen der eigenen Mitarbeiter sind bekannt und damit verringert sich das Risiko einer Fehlbesetzung
- Mitarbeiter stehen schnell zur Verfügung
- Geringere Beschaffungskosten
- Stärkere Bindung an den Betrieb
- Verbesserung des Images der Unternehmung
- Mitarbeiter kennt die Firma (Produkte, Märkte, Kunden, Organisation etc.)

Vorteile **externer** (und damit gleichzeitig Nachteile interner) Personalbeschaffung:

- Zuführung von neuem Know-how
- Vermeidung des Konfliktes, der dadurch entsteht, dass ein Kollege plötzlich zum Vorgesetzten wird
- Es werden keine Lücken in anderen Abteilungen aufgerissen
- Breitere Auswahlmöglichkeit
- Geringere Fortbildungskosten, da ein Mitarbeiter mit den exakt passenden Qualifikationen eingestellt werden kann

e)

Vorteile:
- Höhere Flexibilität
- Geringere Personalbeschaffungskosten
- Krankheitsrisiko liegt bei der Zeitarbeitsfirma
- Risikoloses Sichten neuer Mitarbeiter

Nachteile:
- Häufigere Einarbeitung
- Störungen im Betriebsklima
- Fehlende Betriebsverbundenheit
- Gefährdung von Geschäftsgeheimnissen
- Laufende Kosten sind höher als bei Angestellten

2.4 Stellenanzeige und Onlinebewerbungsportal

a)

- Es liegen mindestens zwei **Verstöße gegen das Allgemeine Gleichbehandlungsgesetz (AGG)** vor. Nach § 1 AGG ist es Ziel dieses Gesetzes „Benachteiligungen aus Gründen der Rasse oder wegen der ethnischen Herkunft, des Geschlechts, der Religion oder Weltanschauung, einer Behinderung, des Alters oder der sexuellen Identität zu verhindern oder zu beseitigen." Die Stelle muss geschlechtsneutral z. B. (m/w/d) ausgeschrieben werden, wobei (d) für divers steht. Eine Altersbeschränkung ist ebenfalls unzulässig.
- Eine detailliertere **Aufgabenbeschreibung** fehlt.
- Es fehlt die Angabe, ob es sich um eine **Vollzeit- oder Teilzeitstelle** handelt.
- Das **Eintrittsdatum** fehlt.

b)

- Die Nutzung zeitgemäßer Verfahren zeigt, dass es sich um ein modernes Unternehmen handelt.
- Kostenersparnis, da die Daten von den Bewerbern selbst erfasst werden.
- Die Bewerberdaten können besser verglichen werden, da eine einheitliche Erfassung erfolgt.
- Die Bewerber bekommen eine sofortige automatisierte Eingangsbestätigung.
- Der gesamte Prozess wird beschleunigt.
- Evtl. kann in die Online-Bewerbung sofort ein Eignungstest integriert werden.

2.5 Personalauswahl

I Ablauf

a) Zusendung eines Arbeitsvertrages an den ausgewählten Bewerber	9
b) Festlegung der Stellenanforderungen	2
c) Externe Ausschreibung der Stelle	4
d) Einladung von zwei Bewerbern zu einem Vorstellungsgespräch	6
e) Vorauslese der extern eingehenden Bewerbungen	5
f) Feststellung eines Personalbedarfs in der Personalabteilung	1
g) Erfolglose interne Ausschreibung der Stelle	3
h) Durchführung der Vorstellungsgespräche	7
i) Einholung der Zustimmung des Betriebsrates zur Einstellung einer der beiden Bewerber	8

II Vorstellungsgespräch

– Festlegung der Teilnehmer am Vorstellungsgespräch

– Terminabstimmung mit den am Vorstellungsgespräch teilnehmenden Mitarbeitern der Office Experten

– Vorläufige Reservierung des Besprechungsraumes für die Vorstellungsgespräche

– Endgültige Festlegung von Datum und Uhrzeit der Vorstellungsgespräche

– Endgültige Reservierung des Besprechungsraumes

– Einladung der Bewerber mit der Bitte um Terminbestätigung

– Überwachung der Rückmeldung der Bewerber

– Information der teilnehmenden Mitarbeiter, dass der anvisierte Termin definitiv zustande oder nicht zustande gekommen ist

III Assessment Center

a)

Es handelt sich um ein Personalauswahlverfahren, welches ein möglichst umfassendes Bild der verschiedenen Bewerber um eine Stelle liefern soll. Dabei wird nach einer Vorauswahl manchmal in mehrtägigen Veranstaltungen versucht, die besten Bewerber für bestimmte Stellen herauszufinden.

b)

Postkorbübung, Gruppendiskussionen, Rollenspiele, Eignungstests, Präsentationen, Gruppenarbeiten, Interviews

c)

Zwar sind die Kosten in der Regel deutlich höher, dafür erzielt man aber meist auch bessere Ergebnisse als bei Einzel-Auswahlverfahren. Insbesondere Teamfähigkeit, Belastbarkeit, Präsentationsfähigkeiten und Durchsetzungsvermögen sind besser erkennbar.

2.6 Personalfragebogen

a)

Nach § 94 Abs. 1 BetrVG bedürfen Personalfragebogen der **Zustimmung** des Betriebsrates.

b)

Keinesfalls zulässig ist die Frage nach einer bestehenden (oder auch gewünschten) Schwangerschaft. Sie darf wider besseres Wissen falsch beantwortet werden.

In **bestimmten Fällen zulässig** sind:

Fragen nach Partei- , Kirchen- oder Gewerkschaftszugehörigkeit, wenn es sich beim Arbeitgeber um einen sogenannten Tendenzbetrieb – also Partei, Kirche oder Gewerkschaft – handelt. Die entsprechenden Fragen sind bei den Office Experten also nicht zulässig.

Tätigkeitsneutrale – pauschale – Fragen nach einer Schwerbehinderung sind grundsätzlich unzulässig. Eine solche Frage kann ausnahmsweise zulässig sein, wenn für die beabsichtigte Tätigkeit eine bestimmte körperliche Funktion, geistige Fähigkeit oder seelische Gesundheit vorausgesetzt ist.

Fragen nach Vorstrafen dürfen nur gestellt werden, wenn ein enger sachlicher Zusammenhang mit der zu besetzenden Stelle besteht. So dürften die Office Experten einen Fahrer nach einer Vorstrafe wegen Fahrerflucht fragen. Dieselbe Frage an einen Lageristen wäre nicht zulässig. Auch hier gilt, dass unzulässige Fragen wider besseres Wissen falsch oder gar nicht beantwortet werden dürfen. Aus dem Bundeszentralregister gestrichene Vorstrafen sind nicht mehr relevant.

Alle übrigen Fragen des Fragebogens sind **zulässig.**

2.7 Nachweisgesetz

a)

Nach § 2 Abs. 1 NachwG müssen die wesentlichen Vertragsbedingungen eines Arbeitsverhältnisses in Textform niedergelegt werden.

b)

Nach § 99 Abs. 1 BetrVG hat der Betriebsrat ein Mitbestimmungsrecht bei personellen Einzelmaßnahmen wie z. B. Einstellungen und Versetzungen.

c)

Fehler:
- 19 Arbeitstage Urlaub in der 5-Tage-Woche sind weniger als der gesetzliche Mindesturlaub.
- Es fehlt die Angabe zur Länge der Probezeit.
- Im Abschnitt Kündigung fehlt der im § 2 Abs. 1 NachwG verlangte Hinweis auf die Schriftformerfordernis.
- Im Abschnitt Arbeitszeit fehlt die im § 2 Abs. 1 NachwG verlangte Regelung der Pausen- und Ruhezeiten oder der Hinweis auf die entsprechenden Rechtsvorschriften.

2.8 Befristung von Arbeitsverträgen

a)

Die Auszubildende hat nicht Recht. Ein befristetes Arbeitsverhältnis kann nach § 15 Abs. 3 TzBfG nur dann ordentlich gekündigt werden, wenn dies einzelvertraglich oder im anwendbaren Tarifvertrag vereinbart ist. Da die Office Experten nicht tarifgebunden sind, kann dies also nur durch eine einzelvertragliche Regelung erreicht werden. Sollte sich z. B. nach zwei Monaten herausstellen, dass der neue Mitarbeiter ungeeignet ist oder nicht ins Team passt, kann ihm nach § 622 Abs. 3 BGB innerhalb der Probezeit mit einer Frist von zwei Wochen gekündigt werden. Ohne die vereinbarte Probezeit müssten die Office Experten das halbe Jahr voll durchstehen.

b)

Nach § 14 Abs. 2 TzBfG ist die Befristung ohne einen Sachgrund nur bis zur Gesamtdauer von maximal zwei Jahren zulässig. Diese Höchstgrenze würde um sechs Monate überschritten. Die Vereinbarung ist also nicht rechtswirksam.

c)

Die Befristung ist zulässig, da sie nach § 14 Abs. 1, Satz 3 TzBfG sachlich begründet ist, weil „...der Arbeitnehmer zur Vertretung eines anderen Arbeitnehmers beschäftigt wird, ...".

2.9 Kündigungsgründe

Personenbedingt	Verhaltensbedingt	Betriebsbedingt
Mangelhafte Leistung	Häufige Unpünktlichkeit	Auftragsmangel
Alkoholsucht	Eigenmächtiger Urlaubsantritt	Fusion
Lang andauernde Erkrankungen	Störung des Betriebsfriedens	Rationalisierung
Fehlende Eignung	Diebstahl beim Kunden	Betriebsschließung
Drogenabhängigkeit	Schwere körperliche Tätlichkeit	Betriebsverlegung

2.10 Ausscheiden eines Mitarbeiters

a)

1. Ermahnung
2. Schriftliche Abmahnung(en)
3. Anhörung des Betriebsrates
4. Schriftliches Aussprechen der Kündigung
5. Kündigungsschutzklage des Mitarbeiters
6. Güteverhandlung beim Arbeitsgericht
7. Eventuell Einigung der Vertragsparteien
8. Kammertermin beim Arbeitsgericht
9. Vergleich beim Arbeitsgericht über einen Aufhebungsvertrag gegen Abfindung
10. Endgültiges Ausscheiden
11. Aushändigung der Arbeitspapiere

Sollte es bei der Güteverhandlung bereits zu einer Einigung kommen, fallen die Schritte 8. und 9. weg

b)

- **Lohnsteuerbescheinigung** über die bis zum Ausscheidungszeitpunkt abgeführte Lohn- und Kirchensteuer sowie Solidaritätszuschläge.
- **Einfaches** oder **qualifiziertes Arbeitszeugnis**, aus dem auch Angaben über Verhalten und Leistung hervorgehen.
- **Urlaubsbescheinigung** über den gewährten oder entgeltlich abgegoltenen Urlaub.
- **Sozialversicherungsausweis**, sofern er beim Arbeitgeber im Original und nicht nur als Kopie vorliegt.

c)

Nach § 109 Abs. 1 GewO hat der Arbeitnehmer „bei Beendigung eines Arbeitsverhältnisses Anspruch auf ein schriftliches Zeugnis. Das Zeugnis muss mindestens Angaben zu Art und Dauer der Tätigkeit (einfaches Zeugnis) enthalten. Der Arbeitnehmer kann verlangen, dass sich die Angaben darüber hinaus auf Leistung und Verhalten im Arbeitsverhältnis (qualifiziertes Zeugnis) erstrecken."

Einfaches Zeugnis	Qualifiziertes Zeugnis
Überschrift „Zeugnis" oder „Arbeitszeugnis"	
Angaben zum Arbeitgeber	
Angaben zum Arbeitnehmer	
Angaben zur Art der Beschäftigung	Siehe Angaben des einfachen Zeugnisses +
Ausgeführte Tätigkeiten	Zusätzlich Angaben über Leistung und Verhalten
Dauer des Beschäftigungsverhältnisses	
Datum der Ausstellung	
Unterschrift des Inhabers oder Geschäftsführers	
Die Ausstellung eines einfachen Zeugnisses ist Pflicht!	Die Ausstellung eines qualifizierten Zeugnisses ist Pflicht auf Verlangen!

2.11 Mutterschutz, Elternzeit und Elterngeld

a)

Die sechswöchige Mutterschutzfrist nach § 3 Abs. 1 MuSchG beginnt am **01.03.**

TT		MM	
0	1	0	3

b)

Wegen der Mehrlingsgeburt erhöht sich die Schutzfrist nach § 3 Abs. 2 MuSchG auf zwölf Wochen. Sie endet also am **07.07.**

TT		MM	
0	7	0	7

c)

Richtig sind **1.** und **7.**

1	7

Zu 1.: Richtig. Jeder Elternteil hat einen Anspruch auf die volle Elternzeit, sie können somit auch gleichzeitig gehen. Dies ist i. d. R. eine finanzielle Entscheidung.

Zu 7.: Richtig. Das zwölfwöchige Beschäftigungsverbot gilt auch bei Frühgeburten.

Zu 2.: Falsch. Das Kündigungsverbot steht im Mutterschutzgesetz (§ 17 Abs. 1 MuSchG).

Zu 3.: Falsch. Elterngeld gibt es für maximal 14 Monate. Außerdem ist es auch möglich, ein reduziertes Elterngeld für einen längeren Zeitraum zu beziehen.

Zu 4.: Falsch. Jeder Elternteil kann seine Elternzeit nach § 16 Abs. 1 BEEG auf drei Zeitabschnitte verteilen.

Zu 5.: Falsch. Es besteht nur ein Anspruch auf einen gleichwertigen Arbeitsplatz.

Zu 6.: Falsch. Nach § 3 Abs. 1 MuSchG dürfen werdende Mütter sechs Wochen vor der Entbindung beschäftigt werden, wenn sie sich ausdrücklich dazu bereiterklären.

2.12 Beschäftigung Schwerbehinderter

Schwerbehinderte im Sinne des SGB IX sind Mitarbeiter mit einem Grad der Behinderung von mindestens 50.

- Sie erhalten einen **Zusatzurlaub** von einer Woche pro Jahr über den gesetzlichen oder tarifvertraglichen Anspruch hinaus.

- Sie können **Mehrarbeit**, also alle Arbeit über acht Stunden, **ablehnen**.

- Sie haben einen Anspruch darauf, zwei Jahre **früher in Rente** zu gehen.

- Sie können verlangen, dass der **Arbeitsplatz schwerbehindertengerecht gestaltet** wird.

- Wenn mindestens fünf schwerbehinderte Mitarbeiter im Betrieb beschäftigt sind, wird eine **Schwerbehindertenvertretung** gewählt.

- Eine ohne vorherige Anhörung der Schwerbehindertenvertretung und Zustimmung des Integrationsamtes ausgesprochene **Kündigung** ist **unwirksam**.

- Über die Beschäftigung von Schwerbehinderten ist das **Integrationsamt** zu unterrichten.

- Bei mehr als 20 Arbeitsplätzen müssen Arbeitgeber **mindestens 5 % Schwerbehinderte einstellen** oder eine **Ausgleichsabgabe** zahlen.

2.13 Arbeitsmodelle

a)

- Erhöhung der Attraktivität als Arbeitgeber, da Freiheiten in der Arbeitszeitplanung für Arbeitnehmer zu einem immer wichtiger werdenden Kriterium für die Wahl des Arbeitsplatzes werden.
- Erhöhung der Motivation der Mitarbeiter durch verbesserte Möglichkeiten, Arbeits- und Freizeiten zu kombinieren.
- Verminderung der Fluktuation wegen Unzufriedenheit über die Arbeitsbedingungen.
- Erhöhung der Anwesenheitszeiten, da private Angelegenheiten wie Arztbesuche oder Behördengänge außerhalb der Arbeitszeit gemacht werden können.
- Personelle Kapazität kann bei schwankender Auftragslage flexibler angepasst werden.
- Erhöhte Mitarbeiterbindung durch Zufriedenheit mit den Arbeitszeitbedingungen.

b)

Teilzeitarbeit ist jede Arbeitszeit, die geringer ist als die wöchentliche Regelarbeitszeit. Das kann eine gleichbleibende Arbeitszeit pro Wochentag, aber genauso eine Arbeit nur an z. B. zwei oder drei Tagen in der Woche sein. Teilzeitmodelle sind in allen Funktionen denkbar, erfordern aber klare Absprachen und eine gute Arbeitsorganisation.

Bei einer **Gleitzeit** können in Voll- oder Teilzeit beschäftigte Arbeitnehmer innerhalb bestimmter Grenzen Beginn, Ende und Länge der Arbeitszeit selbst bestimmen. In der Regel erfolgt eine elektronische Erfassung von Arbeits- und Pausenzeiten. Gleitzeit ist insbesondere im Verwaltungsbereich weit verbreitet, weniger im Produktionsbereich. Häufig gibt es Kernarbeitszeiten, innerhalb derer die Arbeitnehmer anwesend oder zumindest erreichbar sein müssen.

Bei der **Vertrauensarbeitszeit** steht die Erbringung der Arbeitsleistung im Vordergrund und nicht die dafür aufgewendete Arbeitszeit. Dieses Modell ist insbesondere im Führungsbereich weit verbreitet. Eine Erfassung der Arbeitszeiten erfolgt nur, soweit dies aus gesetzlichen Gründen unbedingt notwendig ist.

Zunehmend gewinnt das **Homeoffice** an Bedeutung. Dabei wird meist ein Teil der Arbeit von zu Hause aus erledigt. Geeignet ist das Modell für Arbeiten, für die keine ständige persönliche Anwesenheit erforderlich ist. Mithilfe von modernen Kommunikationsanlagen kann zu Hause oft das gleiche Arbeitsumfeld genutzt werden wie im Betrieb.

Beim dem Homeoffice ähnelnden **mobilen oder remote Arbeiten** haben die Arbeitnehmer weder zu Hause noch im Büro einen festen Arbeitsplatz. Sie können z. B. in einem Co-Working-Space, einem Café oder in ihrer Ferienwohnung arbeiten.

Bei **smart work** steht die Zielerreichung Im Vordergrund. Die Mitarbeiter oder auch Teams bestimmen selbst, wie, wann und wo sie arbeiten.

Beim **Jobsharing** teilen sich in der Regel zwei Arbeitnehmer einen Arbeitsplatz. Sie stimmen die Arbeitszeiten häufig selbstständig untereinander ab. Das Modell erfordert eine hohe Teamfähigkeit und eine gute Arbeitsorganisation.

Beim **Lebensarbeitszeitkonto** sparen die Mitarbeiter langfristig ein Arbeitszeitguthaben an, um dann vielleicht ein Jahr auszusetzen, eine dauerhafte Reduzierung der Arbeitszeit zu erreichen oder früher in Rente zu gehen.

Bei **Schichtarbeit** wird die betriebliche Arbeitszeit in mehrere Zeitabschnitte aufgeteilt. Weit verbreitet ist sie im Produktionsbereich. Aber auch z. B. im Verkaufs- oder Servicebereich kann durch die Aufteilung in Früh- und Spätschicht eine Ausdehnung der Ansprechzeiten erreicht werden. Hier spricht man auch von **versetzten Arbeitszeiten**.

Zunehmend sind die dargestellten Modelle nicht mehr nur in der Reinform zu finden. So sind in Großunternehmen oft alle Formen zu finden oder es gibt auch eine Fülle von **Mischlösungen**. So kann z. B. ein Teilzeitbeschäftigter im Homeoffice sein Lebensarbeitszeitkonto auffüllen.

2.14 Urlaubsplanung

I Urlaubsanspruch

Mitarbeiter		Resturlaub aus Vorjahr	Neuer Urlaub aktuelles Jahr	Gesamturlaub aktuelles Jahr
...	...	...	...	...
Jan Frings	Alter: 15 Jahre Fachlagerist 1. Ausbildungsjahr wohnt bei den Eltern	4	29	33
Mariana Viskovic	Alter: 33 Jahre schwerbehindert verheiratet ohne Kinder	3	29 + 5	37
Ali Dahoud	Alter: 42 Jahre geschieden 3 schulpflichtige Kinder	0	29	29
Moritz Schmidt	Alter: 27 Jahre befristeter Arbeitsvertrag bis 30.04.	6	10	16
...	...	...	...	...

Erläuterungen:

Jan Frings ist zwar Jugendlicher und hat damit nach § 19 JArbSchG einen Urlaubsanspruch von 30 Werktagen, was bei einer 5-Tage-Woche aber nur 25 Arbeitstagen entspricht. Insofern gilt die für ihn günstigere Regelung bei den Office Experten.

Als Schwerbehinderte hat Frau Viskovic nach § 208 SGB (IX) einen zusätzlichen Urlaubsanspruch in Höhe von 5 Arbeitstagen.

Da Herr Schmidt Ende April ausscheidet, hat er nach § 5 Abs. 1 BUrlG nur einen anteiligen Urlaubsanspruch.

$$\frac{29}{12} \times 4 = 9{,}6 \text{ Tage} \rightarrow 10 \text{ Tage}$$

Nach § 5 Abs. 2 BUrlG wird der Urlaub aufgerundet, wenn es sich um mindestens einen halben Tag handelt.

Fortsetzung auf der nächsten Seite.

2.14 Urlaubsplanung

Fortsetzung

II Individuelle Urlaubswünsche

a)

Nach § 7 Abs. 1 BUrlG sind, soweit betrieblich möglich, die Urlaubswünsche der Arbeitnehmer zu berücksichtigen. Da der gesamte Jahresurlaub in etwa der Länge der Sommerferien (6 Wochen) entspricht, können die Wünsche keinesfalls in vollem Umfang berücksichtigt werden. Als Kompromiss könnte z. B. jeder 2 Wochen Urlaub nehmen. Herr Dahoud ist mit seinen drei schulpflichtigen Kindern an die Ferien gebunden, ebenso Herr Frings wegen seiner Berufsschulpflicht – es sei denn, er hätte Blockunterricht und könnte deswegen auch außerhalb der Schulferien Urlaub nehmen. Frau Viskovic müsste mit ihren Wünschen also im Zweifel zurückstehen.

b)

Urlaub dient der Erholung. Das wird durch viele Kurzurlaube nicht erreicht. Deswegen sieht § 7 Abs. 2 BUrlG auch eine zusammenhängende Gewährung vor, wobei ein Urlaubsteil im Jahr mindestens 12 Werktage (also 2 Wochen) umfassen muss. Darüber hinaus verbietet § 8 BUrlG eine dem Urlaubszweck widersprechende Erwerbstätigkeit während des Urlaubs.

c)

Urlaub dient der Erholung und dieser Zweck wird durch die Auszahlung nicht erfüllt. Deshalb ist die Auszahlung nach § 7 Abs. 4 BUrlG nur für den Fall vorgesehen, dass der Urlaub wegen Beendigung des Arbeitsverhältnisses nicht mehr genommen werden kann. Das ist z. B. bei einer längeren Arbeitsunfähigkeit nach der Kündigung und vor der Beendigung des Arbeitsverhältnisses der Fall. Dafür liegen aber keine erkennbaren Gründe vor. Der nächste Arbeitgeber muss ihm keinesfalls den evtl. nicht genommenen Urlaub gewähren. § 6 BUrlG schließt Doppelansprüche ausdrücklich aus.

2.15 Pyramide der Rechtsquellen

a)

aa) Gesetze	2
ab) Grundgesetz	1
ac) Individuelle Arbeitsverträge	5
ad) Betriebsvereinbarungen	4
ae) Tarifverträge	3

Fortsetzung auf der nächsten Seite.

2.15 Pyramide der Rechtsquellen

Fortsetzung

b)

Die Pyramide ist nach dem sog. **Rangprinzip** aufgebaut, d. h. je weiter oben die Rechtsquelle steht, desto stärker ist sie. So wäre z. B. eine Vereinbarung von 21 Werktagen Urlaub im individuellen Arbeitsvertrag nicht wirksam, da das höherrangige BUrlG wenigstens 24 Werktage vorsieht.

c)

BUrlG und JArbSchG stehen in der Pyramide auf einer Ebene – sind also eigentlich gleichgewichtig. Nach dem sog. **Spezialitätsprinzip** geht dann die speziellere Regelung der allgemeineren Regelung vor. Bei einem Jugendlichen müsste man also die Vorschriften des JArbSchG beachten, ansonsten die allgemeinen Vorschriften des BUrlG.

d)

Es gilt das sog. **Ablösungsprinzip**, d. h. eine neue Regelung löst eine alte Regelung ab. Regelmäßig passiert das z. B. bei einem neuen Tarifvertragsabschluss. Neue Regelungen können auch zu Verschlechterungen für die Arbeitnehmer führen – so sind in den letzten zehn Jahren Arbeitszeiten häufig ausgedehnt worden und ausgeuferte tarifvertragliche Urlaubsregelungen wieder eingeschränkt worden.

2.16 Arbeitsgesetze

a) Kündigungsverbot für Betriebsratsmitglieder ⇨ § 15 KSchG	10
b) Zulassungsvoraussetzungen zur Abschlussprüfung ⇨ § 43 BBiG	2
c) Kündigungsfristen für langjährige Arbeitsverhältnisse ⇨ § 622 BGB	1
d) Urlaubsdauer für einen 16-Jährigen ⇨ § 19 JArbSchG	3
e) Allgemeinverbindlichkeit ⇨ § 5 TVG	12
f) Dauer der Elternzeit ⇨ § 15 BEEG	8
g) Aufgaben der Jugend- und Auszubildendenvertretung ⇨ § 70 BetrVG	7
h) Kündigungsverbot Schwangerer ⇨ § 17 MuSchG	11
i) Anzeige- und Nachweispflichten bei Arbeitsunfähigkeit ⇨ § 5 EntgFG	9
j) Ununterbrochene Ruhezeit von mindestens elf Stunden ⇨ § 5 ArbZG	5
k) Verbot der Erwerbstätigkeit im Urlaub ⇨ § 8 BUrlG	4
l) Güteverhandlung ⇨ § 54 ArbGG	6

2.17 Datenschutz und Datensicherheit

a)

Zweck des Bundesdatenschutzgesetzes (BDSG) ist es unter anderem, „den Einzelnen davor zu schützen, dass er durch den Umgang mit seinen personenbezogenen Daten in seinem Persönlichkeitsrecht beeinträchtigt wird". **Datenschutz** bedeutet also, dass insbesondere die personenbezogenen Daten der Mitarbeiter vor unberechtigtem Zugriff und Weitergabe geschützt werden müssen. Nach § 38 BDSG müssen Unternehmen einen Datenschutzbeauftragten ernennen, soweit sie in der Regel mindestens 20 Personen ständig mit der automatisierten Verarbeitung personenbezogener Daten beschäftigen.

Datensicherheit hat zum Ziel, Daten aller Art – hier also insbesondere Personaldaten – gegen Manipulation, Verlust und Kenntnisnahme Unberechtigter zu sichern.

Maßnahmen sind insbesondere

- Regelmäßige Datensicherungen
- Zugangskontrollen, z. B. durch offen getragene Ausweise
- Baulich besonders geschützte Räumlichkeiten
- Regelmäßige Änderung von Passwörtern
- Löschung von Daten nur mit besonderen Berechtigungen
- Kontrolle darüber, dass Benutzer auch nur auf die Daten zugreifen können, für die sie eine Zugangsberechtigung haben
- Installation einer Firewall
- Installation einer Notstromversorgung

b)

Aufgaben des Datenschutzbeauftragten:

- Überwachung der Anwendung von Programmen, mit denen personenbezogene Daten verarbeitet werden
- Schulung der Mitarbeiter in Fragen des Datenschutzes
- Beratung der Unternehmensleitung und der Fachabteilungen in Fragen des Datenschutzes
- Externe Vertretung des Unternehmens gegenüber Aufsichtsbehörden
- Erstellen von Datenschutzrichtlinien

c)

Sie kann die Funktion nicht übernehmen. Datenschutzbeauftragte müssen eine unabhängige Stellung haben und dürfen z. B. nicht in Situationen kommen, in denen sie sich selbst kontrollieren müssen. Deswegen kommen Geschäftsführer, Mitarbeiter im Personalbereich und Verantwortliche im IT-Bereich für die Aufgabe nicht in Frage. Damit der Datenschutzbeauftragte seine Aufgaben ohne Angst vor Repressalien ausüben kann, genießt er – ähnlich wie ein Betriebsrat – einen besonderen Kündigungsschutz, der auch noch ein Jahr über die ohnehin nur unter erschwerten Bedingungen mögliche Abberufung hinaus wirkt.

2.18 Personalakte

a)

Übliche Inhalte der Personalakte sind:

- Bewerbungsunterlagen
- Zeugnisse
- Arbeitsvertrag
- Aufenthaltserlaubnis und Arbeitserlaubnis von nicht EU-Bürgern
- Stellenbeschreibung
- Anmeldung zur Krankenkasse
- Nachweis über Kinder (für Mitarbeiter über 23 Jahre)
- Schwerbehindertenausweis
- Lohn- und Gehaltsbescheinigungen
- Beurteilungen
- Abmahnungen
- Schriftverkehr mit dem Mitarbeiter
- Personalbogen
- Bescheinigungen über ärztliche Untersuchungen, z. B. von Jugendlichen
- Nachweise über Weiterbildungsmaßnahmen

b)

Ja. Nach § 83 Abs. 1 BetrVG „… hat der Arbeitnehmer das Recht, in die über ihn geführten Personalakten Einsicht zu nehmen. Er kann hierzu ein Mitglied des Betriebsrats hinzuziehen."

c)

Nein – das ist ein ausschließliches Recht des jeweiligen Mitarbeiters.

d)

Personalakten sind streng vertraulich und sind gegen unbefugte Einsichtnahme anderer Mitarbeiter, Kunden usw. zu sichern. Deswegen hätte Herr Knecht die Akte keinesfalls mit in den Pausenraum nehmen dürfen.

Die Personalakte ist vollständig vorzulegen. Ein vorübergehendes Entfernen und anschließendes Wiedereinfügen von Unterlagen ist unzulässig. Ein Anspruch der Mitarbeiterin auf Entfernen der Abmahnung mit dem Hinweis auf den lange zurückliegenden Fall, besteht übrigens nicht. Eine Abmahnung hat nämlich nicht nur eine Warn-, sondern auch eine Dokumentationsfunktion und diese Funktion muss auch nach mehreren Jahren noch erfüllt werden.

2.19 Reisekostenabrechnung

Reisekostenabrechnung			
Name	Witte		
Vorname	Gereon		
Beginn (Datum/Uhrzeit)	12.04.2026	17:00 Uhr	
Ende (Datum/Uhrzeit)	14.04.2026	19:00 Uhr	
Reiseziel:	Zuffenhausen		
Anlass:	Aufbau in der Empfangshalle der Porsche AG		
			Beträge
Fahrtkosten			
Privat-PKW	772 km	à 0,30 €/km	231,60
Bahn			
Bus			
Sonstige			
Verpflegungsmehraufwand			
Eintägige Reise	Tag	à 14,00 €/Tag	
Mehrtägige Reise			
Anreisetag(e)	1 Tag(e)	à 14,00 €/Tag	14,00
Zwischentage(e)	1 Tag(e)	à 28,00 €/Tag	28,00
Abreisetag(e)	1 Tag(e)	à 14,00 €/Tag	14,00
Kürzungen			
Frühstück	2 Tag(e)	à 5,60 €/Tag	- 11,20
Mittagessen	Tag(e)	à 11,20 €/Tag	
Abendessen	Tag(e)	à 11,20 €/Tag	
Übernachtungskosten			
Hotelkosten lt. Rechnung			148,00
Pauschale	Tag(e)	à 30,00 €/Tag	
Summe			424,40
Datum/Unterschrift:	16.04.2026	Gereon Witte	

2.20 Betriebsrat

a) Nach § 7 BetrVG sind alle Arbeitnehmer des Betriebes wahlberechtigt, sofern sie das 16. Lebensjahr vollendet haben. Dabei bestimmt § 5 BetrVG, wer Arbeitnehmer im Sinne des BetrVG ist.

Nach § 8 BetrVG sind alle Wahlberechtigten des Betriebes wählbar, wenn sie das 18. Lebensjahr vollendet haben und dem Betrieb seit wenigstens sechs Monaten angehören.

Personen	wahl-berechtigt	wählbar
Jennifer Mey ist **wahlberechtigt**, da sie das 16. Lebensjahr vollendet hat. Wählbar ist sie allerdings erst ab 18.	X	
Lukas Schlitt ist **wahlberechtigt** – dass er Auszubildender ist, spielt keine Rolle. Aufgrund seiner erst viermonatigen Betriebszugehörigkeit ist er allerdings **nicht wählbar.**	X	
Kevin Berg ist sowohl **wahlberechtigt** als auch **wählbar**.	X	X
Moritz Schmidt ist sowohl **wahlberechtigt** als auch **wählbar** – die Befristung seines Arbeitsverhältnisses ist kein Hindernis. Sollte er allerdings in den Betriebsrat gewählt werden, endet sein Arbeitsverhältnis trotzdem mit Ablauf der Befristung.	X	X
Nadine Esser ist sowohl **wahlberechtigt** als auch **wählbar** – ihre Mitgliedschaft im alten Betriebsrat ist egal.	X	X
Jasmin Hauser ist **nicht wahlberechtigt** – sie steht als Geschäftsführerin klar auf Arbeitgeberseite. Deswegen ist sie nach § 5 Abs. 3 BetrVG keine Arbeitnehmerin im Sinne des BetrVG. Sie ist somit auch **nicht wählbar**.		

b)

Die Office Experten haben 119 wahlberechtigte Arbeitnehmer (127 – 8 leitende Angestellte). Damit wird der Betriebsrat nach § 9 BetrVG aus **7 Mitgliedern** bestehen.

c)

Maßnahmen, bei denen der Betriebsrat ein **Mitbestimmungsrecht** hat, erfordern die Zustimmung des Betriebsrates, sonst können sie nicht realisiert oder eingeführt werden.

Beispiele:

- Personelle Einzelmaßnahmen wie Einstellungen, Entlassungen oder Versetzungen
- Soziale Angelegenheiten wie Verteilung der Arbeitszeit auf die Woche, Fragen der Betriebsordnung, Aufstellung allgemeiner Urlaubsgrundsätze, vorübergehende Verlängerung der betriebsüblichen Arbeitszeit
- Auswahlrichtlinien bei Einstellungen, Versetzungen, Umgruppierungen und Kündigungen

Maßnahmen, bei denen der Betriebsrat ein **Mitwirkungsrecht** hat, müssen mit dem Betriebsrat besprochen werden, danach kann der Arbeitgeber dann trotzdem eigenmächtig entscheiden.

Beispiele:

- Einrichtungen und Maßnahmen der Berufsbildung
- Personalplanung
- Vorschläge zur Sicherung und Förderung der Beschäftigung

2.21 Tarifvertrag

a)

Partner von Verbandstarifverträgen sind in der Regel eine **Gewerkschaft** und ein **Arbeitgeberverband** als Vertreter der in ihr/ihm organisierten Arbeitnehmer und Arbeitgeber. Große Unternehmen, z. B. Ford AG oder Bahn AG, schließen häufig einen Haustarifvertrag mit einer Gewerkschaft, z. B. IG-Metall oder Gewerkschaft der Lokführer, ab.

b)

Vorrangig im **Tarifvertragsgesetz** (TVG). Darüber hinaus wird die Tarifautonomie grundsätzlich im Art. 9 Abs. 3 des Grundgesetzes (GG) garantiert.

c)

- Höhe von Löhnen, Gehältern und Ausbildungsvergütungen
- Anzahl Urlaubstage pro Jahr
- Wochenarbeitszeiten
- Arbeitgeberanteile zu vermögenswirksamen Leistungen
- Zuschläge für Mehr-, Nacht-, Sonntags-, Feiertags-, Akkordarbeit
- 13. Monatsgehalt
- Zusätzliches Urlaubsgeld
- Festlegung von Entgeltgruppen
- Weihnachtsgeld
- Rationalisierungsschutz
- Kündigungsfristen

d)

- Imagegewinn in der Öffentlichkeit
- Erhöhung der Mitarbeiterzufriedenheit
- Einheitliche Rahmenbedingungen für alle Arbeits- und Ausbildungsverträge
- Erhöhte Kalkulationssicherheit während der Laufzeit eines Tarifvertrages
- Weitgehend störungsfreie Lieferbeziehungen aufgrund der Friedenspflicht während der Laufzeit eines Tarifvertrages

e)

Nach § 5 TVG kann der Bundesminister für Arbeit und Soziales einen Tarifvertrag für allgemein verbindlich erklären, wenn dies im öffentlichen Interesse ist. Dann muss dieser Tarifvertrag selbst für Arbeitsverhältnisse berücksichtigt werden, bei denen weder der Arbeitnehmer noch der Arbeitgeber Mitglied des abschließenden Verbandes ist.

Fortsetzung auf der nächsten Seite.

2.21 Tarifvertrag

Fortsetzung

f)

– Kündigung oder Auslaufen eines Tarifvertrages
– Aufnahme von Verhandlungen zwischen Gewerkschaft und Arbeitgeber oder Arbeitgeberverband
– Erklärung des Scheiterns der Verhandlungen
– Schlichtungsverfahren
– Urabstimmung und evtl. nachfolgender Streik der Arbeitnehmer
– Aussperrung durch die Arbeitgeber
– Neue Verhandlungen während des Arbeitskampfes
– Erneute Urabstimmung über das Ergebnis der neuen Tarifrunde
– Wiederaufnahme der Arbeit

2.22 Leistungen der Sozialversicherungen

I Leistungen

Reihenfolge im Lösungsbogen:

a)	b)	c)	d)	e)	f)	g)	h)	i)	j)	k)	l)	m)	n)
5	1	3	2	2	4	4	2	6	4	4	1	3	2

Zu a) und h): Die berufsgenossenschaftliche Unfallversicherung übernimmt nur Kosten in Folge von Arbeitsunfällen. Wegeunfälle müssen in der Regel auf dem direkten Weg zur Arbeitsstelle passieren. Wird ein schönerer, aber längerer Weg gewählt, so erlischt der Versicherungsschutz. Das Gleiche gilt für privat bedingte Stopps oder Umwege. Auch die Mittagspause ist Privatsache. Spätestens beim Verlassen des Firmengrundstückes endet der berufsgenossenschaftliche Versicherungsschutz. Dafür besteht dann Versicherungsschutz durch die gesetzliche oder private Krankenversicherung des Arbeitnehmers.

II Gesetzliche Versicherungsträger

1. Träger der Rentenversicherung ist die **Deutsche Rentenversicherung.**
2. Träger der Krankenversicherung ist ihre gesetzliche **Krankenkassen**, z. B. Barmer oder TK.
3. Träger der Pflegeversicherung ist die **Pflegekasse**, die ihrer gesetzlichen **Krankenkasse angegliedert** ist.
4. Träger der Arbeitslosenversicherung ist die **Bundesagentur für Arbeit.**
5. Träger der Unfallversicherung ist die **Berufsgenossenschaft**, z. B. Berufsgenossenschaft für Handel.

III Private Krankenversicherung

Die Träger sind die gleichen wie bei Hendrike Metzger. An die Stelle der gesetzlichen Krankenversicherung und Pflegekasse tritt Frau Hausers private Versicherung, z. B. die Allianz oder Hamburg-Mannheimer.

2.23 Lohnsteuerklassen

Ali Dahoud ist in Steuerklasse **II**. Diese gilt für Unverheiratete und dauernd getrennt Lebende mit Kindern.

Mariana Viskovic ist in Steuerklasse **III**. Diese gilt für Verheiratete, wenn der Ehepartner keinen Arbeitslohn bezieht oder in Steuerklasse V eingestuft ist.

Jan Frings ist in Steuerklasse **I**. Diese gilt für alle Ledigen.

Jasmin Hauser ist in Steuerklasse **IV**. Diese gilt für Verheiratete, wenn der Ehepartner ebenfalls Arbeitslohn bezieht und auch in Steuerklasse IV eingestuft ist.

Marc Rath ist in Steuerklasse **VI**. Diese gilt für Steuerpflichtige, die aus mehr als einem Arbeitsverhältnis Arbeitslohn beziehen oder deren Lohnsteuermerkmale ungeklärt sind.

Hendrike Metzger ist in Steuerklasse **V**. Diese gilt für Verheiratete, wenn der Ehepartner ebenfalls Arbeitslohn bezieht und in Steuerklasse III eingestuft ist.

Änderungen der Steuerklasse müssen vom Mitarbeiter beim zuständigen Finanzamt beantragt werden.

2.24 Gehaltsabrechnung

Gehaltsabrechnung		
Name	Mostakis	
Vorname	Alexandrakis	
Bruttogehalt		**6.189,00 €**
AG-Zuschuss vermögenswirksame Leistungen		25,00 €
Sozialversicherungspflichtiges Bruttoentgelt		6.214,00 €
Steuerfreibetrag	115,00 €	
Steuerpflichtiges Bruttoentgelt	6.099,00 €	
Lohnsteuer	1.152,75 €	
Kirchensteuer	103,74 €	
Solidaritätszuschlag	0,00 €	
Steuern gesamt		1.256,49 €
Krankenversicherung (8,5 % von 5.812,50 €)	494,06 €	
Pflegeversicherung (2,4 % von 5.812,50 €)	139,50 €	
Rentenversicherung (9,3 % von 6.214,00 €)	577,90 €	
Arbeitslosenversicherung (1,3 % von 6.214,00 €)	80,78 €	
Sozialversicherung gesamt		1.292,24 €
Nettogehalt		3.665,27 €
Vorschuss		400,00 €
Vermögenswirksame Leistungen		50,00 €
Auszahlungsbetrag		**3.215,27 €**

Fortsetzung auf der nächsten Seite.

2.24 Gehaltsabrechnung

Fortsetzung

Lohnsteuertabelle

ab €	StK	Steuer	SolZ	KiStr	SolZ	KiStr	SolZ	KiStr	SolZ	KiStr	SolZ	KiStr
				0		0,5		1		1,5		2
6.099,00												
	1	1.152,75	-	103,74	-	90,20	-	77,26	-	64,94	-	53,22
	2	1.018,83	-	-	-	78,68	-	66,29	-	54,51	-	43,34
	3	681,83	-	61,36	-	51,39	-	41,71	-	32,33	-	23,27
	4	1.152,75	-	103,74	-	96,89	-	90,20	-	83,66	-	77,26
	5	1.702,16	4,72	153,19	-	-	-	-	-	-	-	-
	6	1.746,50	9,99	157,18	-	-	-	-	-	-	-	-
6.102,00												
	1	1.153,83	-	103,84	-	90,29	-	77,35	-	65,02	-	53,30
	2	1.019,83	-	-	-	78,77	-	66,38	-	54,59	-	43,41
	3	682,50	-	61,42	-	51,44	-	41,77	-	32,40	-	23,33
	4	1.153,83	-	103,84	-	96,98	-	90,29	-	83,74	-	77,35
	5	1.703,33	4,85	153,29	-	-	-	-	-	-	-	-
	6	1.747,58	10,12	157,28	-	-	-	-	-	-	-	-
6.189,00												
	1	1.184,33	-	106,58	-	92,91	-	79,85	-	67,41	-	55,56
	2	1.049,16	-	-	-	81,29	-	68,77	-	56,87	-	45,57
	3	704,83	-	63,43	-	53,39	-	43,66	-	34,22	-	25,11
	4	1.184,33	-	106,58	-	99,67	-	92,91	-	86,31	-	79,85
	5	1.736,41	8,79	156,27	-	-	-	-	-	-	-	-
	6	1.780,75	14,07	160,26	-	-	-	-	-	-	-	-
6.192,00												
	1	1.185,33	-	106,67	-	93,00	-	79,94	-	67,49	-	55,64
	2	1.050,16	-	-	-	81,38	-	68,86	-	56,94	-	45,65
	3	705,66	-	63,50	-	53,46	-	43,72	-	34,29	-	25,16
	4	1.185,33	-	106,67	-	99,77	-	93,00	-	86,40	-	79,94
	5	1.737,58	8,93	156,38	-	-	-	-	-	-	-	-
	6	1.781,91	14,21	160,37	-	-	-	-	-	-	-	-

Erläuterungen:

– Bei den Sozialversicherungsabzügen kann sich je nach gewähltem Rechenweg eine Abweichung von +/- 0,01 € ergeben.

– Die Sozialversicherungen werden vom sozialversicherungspflichtigen Bruttogehalt, höchstens aber von der Beitragsbemessungsgrenze, erhoben. Deswegen werden die KV- und PV-Beitragssätze nur auf 5.812,50 € bezogen.

– Arbeitgeber und Arbeitnehmer tragen die Sozialversicherung jeweils hälftig.

– Des Weiteren muss Herr Mostakis als Kinderloser alleine 0,6 % zusätzlich zur Pflegeversicherung bezahlen, so dass sich für ihn insgesamt 2,4 % ergeben.

– Der Steuerfreibetrag hat nur Auswirkung auf die Höhe der Steuern. Deswegen muss man in der Tabelle beim steuerpflichtigen Einkommen (**ab** 6.099,00 €) für die Steuerklasse I ohne Kinder nachschauen.

Der Arbeitgeberanteil zur Sozialversicherung errechnet sich wie folgt:

Krankenversicherung (8,5 % von 5.812,50 €)	494,06 €
Pflegeversicherung (1,8 % von 5.812,50 €)	104,63 €
Rentenversicherung (9,3 % von 6.214,00 €)	577,90 €
Arbeitslosenversicherung (1,3 % von 6.214,00 €)	80,78 €
AG-Anteil zur Sozialversicherung	**1.257,37 €**

2.25 Entgeltfortzahlung

a)

Wie schon aus dem Namen des Gesetzes in seiner Langform hervorgeht „Gesetz über die Zahlung des Arbeitsentgelts an Feiertagen und im Krankheitsfall", geht es um den Anspruch auf Entgeltfortzahlung des Arbeitnehmers im Krankheitsfall für sechs Wochen (§ 3 EntgFG) und an Feiertagen (§ 2 EntgFG) für die Arbeitszeit, die aufgrund eines gesetzlichen Feiertages ausfällt. Dabei spielt es keine Rolle, ob es sich um einen bundeseinheitlichen Feiertag wie Ostermontag oder um einen nur im Landesrecht verankerten Feiertag wie Christi Himmelfahrt handelt.

b)

Nach sechs Wochen zahlt die **gesetzliche Krankenversicherung** des Arbeitnehmers nach §§ 44 ff. SGB V Krankengeld in Höhe von 70 % des erzielten regelmäßigen Arbeitsentgeltes. Privat krankenversicherte Arbeitnehmer müssen für diesen Fall eine separate Krankentagegeldversicherung abschließen.

c)

Der Monteur hat sich nicht richtig verhalten. Nach § 5 Abs. 1 Satz 1 EntgFG hätte er die **Arbeitsunfähigkeit** und die voraussichtliche Dauer **unverzüglich** – also ohne schuldhaftes Zögern – **anzeigen** müssen. Ein Anruf, zur Not auch eine Mail, eine SMS oder Ähnliches möglichst direkt morgens vor dem regulären Arbeitsbeginn wäre dafür notwendig gewesen. Schließlich müssen die Office Experten die Möglichkeit haben, kurzfristig umzudisponieren und einen anderen Mitarbeiter zum Kunden zu schicken.

Zudem ist die Annahme des Monteurs falsch, dass seine Arztpraxis die eAU zum Arbeitgeber schickt. Der Arbeitgeber ruft die eAU bei der Krankenkasse des Arbeitnehmers ab, sobald dieser sich persönlich krankgemeldet hat.

d)

Grundsätzlich gesehen ist das möglich, denn nach § 5 Abs. 1 Satz 3 EntFG „… ist der Arbeitgeber berechtigt, die Vorlage der ärztlichen Bescheinigung früher zu verlangen." Wenn für alle weiteren Mitarbeiter allerdings die 3-Tage-Regelung gilt, so sollten die Office Experten es wegen eines einmaligen Vorfalles bei einer Ermahnung des Mitarbeiters belassen. Ansonsten könnte leicht der Eindruck der Diskriminierung entstehen.

2.26 Compliance

Compliance bezeichnet in der Wirtschaft ein regelgerechtes, ethisch korrektes Verhalten, wobei sich die Regeln aus Gesetzesvorschriften und aber auch firmeninternen Verhaltensstandards ableiten können.

Richtig sind: **1.** und **4.**

Zu 1.: Auch wenn es keine feststehende Grenze für den Tatbestand der Bestechung gibt, handelt es sich bei 200 € mit Sicherheit um mehr als eine Aufmerksamkeit. Deswegen sollte Mitarbeitern generell verboten werden, persönliche Geschenke anzunehmen oder aber nur solche von sehr geringem Wert. So gibt es Unternehmen, die sagen, dass der Gegenwert einer Tafel Schokolade nicht überschritten werden dürfe.

Zu 4.: Für den Vertrieb ist das Thema Compliance sicherlich besonders relevant. Grundsätzlich betrifft es jedoch auch Mitarbeiter anderer Bereiche, in denen es z. B. um Steuern, Datenschutz oder Arbeitssicherheit geht.

Zu 2.: Wenn bekannt wird, dass Vorlieferanten z. B. gesetzliche Mindestlöhne umgehen oder gegen Umweltauflagen verstoßen, kann das für die Office Experten zum Imageproblem werden.

Zu 3.: In großen Unternehmen wird das Thema Compliance häufig von einer der Geschäftsleitung zugeordneten Stabsstelle wahrgenommen. Das ist für kleine und mittelständische Unternehmen zu teuer. Deswegen werden die Aufgaben entweder von einem Mitarbeiter neben seiner normalen Tätigkeit „mitübernommen" oder z. B. an einen externen Rechtsanwalt übertragen.

Zu 5.: Dieser Mitarbeiter kann in seiner Abteilung als Multiplikator wirksam werden. Langfristig sollten allerdings weitere Personen geschult werden.

2.27 Homeoffice

a)

- **Vertrieb**: Kalkulation – Angebotserstellung – Vertragsverhandlungen
- **Einkauf**: Suche und Auswahl möglicher Lieferanten – Vertragsverhandlungen – Auftragsvergabe
- **Werbung**: Inhaltliche Erstellung von gedrucktem oder digitalem Werbematerial – Layoutgestaltung – Arbeiten an der Corporate Identity – Gestaltung der Website
- **IT-Abteilung**: Betreuung der Website – Betreuung der digitalen Infrastruktur – Unterstützung der Mitarbeiter in IT-Fragen
- **Personalabteilung**: Stellenausschreibungen – Vorbereitung und Durchführung von Auswahlgesprächen – Erstellung von Arbeitsverträgen
- **Buchhaltung**: Umsatzsteuervoranmeldungen – Lohn- und Gehaltsabrechnungen – Durchführung der laufenden Buchungen

Für alle genannten Tätigkeiten gilt, dass insbesondere bei Datenschutz und Datensicherheit die gleichen hohen Anforderungen wie im Betrieb gewährleistet sein müssen.

b)

- Arbeiten im unmittelbaren Produktionsbereich (die Produktionsplanung kann dagegen evtl. auch im Homeoffice gemacht werden)
- Montagearbeiten
- Ein- und Auslagerungen
- Versand von Produkten
- Instandhaltungsarbeiten
- Auf- bzw. Umbau von Maschinen
- Hardwareerweiterung im IT-Bereich

c)

- ruhiger, möglichst abgeschlossener Raum, der ungestörtes Arbeiten ermöglicht
- Einrichtung wie Schreibtisch, Schreibtischstuhl, Hardware usw., die den ergonomischen Anforderungen entsprechen
- Einrichtung, die den relevanten Sicherheitsvorschriften entspricht
- LAN oder WLAN mit ausreichender Geschwindigkeit und Stabilität
- PC oder Notebook
- Headset, Webcam

d)

- ein fester, evtl. jede Woche wechselnder Tag, an dem alle Mitarbeiter einer Abteilung anwesend sind
- regelmäßige Videocalls
- regelmäßige Telefonkonferenzen
- tägliche Aufgabenverteilung
- feste Paten bei der Einarbeitung neuer Mitarbeiter

Notizen

3

Kaufmännische Steuerung

Notizen

3.1 Organisation der Buchführung

a)

Beim **Kontenrahmen** handelt es sich um eine betriebsübergreifende Empfehlung für die zu verwendenden Konten. So gibt es Kontenrahmen für die Industrie, Reisebüros, Apotheken, Groß- und Außenhandelsbetriebe etc. Der **Kontenplan** ist die betriebsindividuelle Ausgestaltung, indem z. B. nicht benötigte Konten weggelassen werden (solange die Office Experten keine Beteiligungen haben, brauchen sie auch kein Konto dafür) und weitere ergänzt werden, wenn dies sinnvoll ist (vielleicht wünschen die Office Experten eine Differenzierung der Erlösberichtigungen in Boni, Skonti etc.).

b)

Im **Grundbuch** oder **Journal** werden die Buchungen in zeitlicher Reihenfolge erfasst. Es handelt sich um eine bloße Aneinanderreihung der gebuchten Geschäftsvorfälle. Nicht erkennbar sind die Werte einzelner Vermögens- oder Schuldpositionen. Das ist Aufgabe des **Hauptbuches**. Hier werden die Geschäftsvorfälle unter sachlichen Gesichtspunkten geführt. So können auf dem Konto „Bank" die gesamten Bankguthaben und auf dem Konto „Umsatzerlöse" alle Umsätze eingesehen werden.

c)

– **Debitoren- oder Kundenbuchhaltung**. Aus dem Konto „Forderungen aus Lieferungen und Leistungen" geht nur der Gesamtbetrag offener Forderungen hervor. Die Debitorenbuchhaltung ermöglicht jederzeit einen detaillierten Überblick über die von einzelnen Kunden noch zu bezahlenden Rechnungen. Sie ist auch für das Mahnwesen zuständig.

– **Kreditoren- oder Lieferantenbuchhaltung**. Aus dem Konto „Verbindlichkeiten aus Lieferungen und Leistungen" geht nur der Gesamtbetrag offener Verbindlichkeiten hervor. Die Kreditorenbuchhaltung gibt einen detaillierten Überblick über die an einzelne Lieferanten noch zu zahlenden Rechnungen. Sie soll unter anderem sicherstellen, dass Schulden optimal bezahlt werden, also weder zu früh noch zu spät und immer unter Ausnutzung von Skonto.

– **Anlagenbuchhaltung**. Aus dem Konto „Technische Anlagen und Maschinen" geht nur der Gesamtwert aller Anlagen hervor. In der Anlagenbuchhaltung gibt es für jede einzelne Maschine eine Anlagendatei, aus der u. a. Inventarnummer, Anschaffungsdatum, Anschaffungskosten, Nutzungsdauer, Restbuchwert und die Kostenstelle hervorgehen.

– **Lohn- und Gehaltsbuchhaltung**. In ihr werden insbesondere alle Daten verwaltet, die zu einer korrekten Abrechnung notwendig sind. Hierzu zählen z. B. Krankenkasse, Lohnsteuerklasse, Freibeträge, Urlaubstage, Krankheitstage usw.

– **Lagerbuchhaltung**. Hier werden für Roh-, Hilfs- und Betriebsstoffe, Handelswaren, unfertige und fertige Erzeugnisse die Zu- und Abgänge erfasst, um jederzeit einen Überblick über die Bestände zu haben.

d)

- Eingangsrechnungen
- Ausgangsrechnungen
- Bankauszüge
- Quittungen
- Materialentnahmescheine
- Reisekostenabrechnungen
- Gutschriften von Lieferanten
- Gutschriften an Kunden
- Lohn- und Gehaltsabrechnungen

3.2 Grundsätze ordnungsmäßiger Buchführung

a)

- HGB
- AO
- Rechtsprechung
- Empfehlungen der Wissenschaft
- Empfehlungen von Wirtschaftsverbänden

b)

- **Saldierungs- oder Verrechnungsverbot.** Danach dürfen Aufwendungen nicht mit Erträgen und Vermögenswerte nicht mit Schulden verrechnet werden.

- **Ordnungsmäßige Aufbewahrung.**
  10 Jahre: Buchhaltungsprogramme, Bilanzen, Gewinn- und Verlustrechnungen, Inventare
  8 Jahre: Buchungsbelege
  6 Jahre: Lieferscheine, Handels- und Geschäftsbriefe

  Alle aufbewahrungspflichtigen Unterlagen – mit Ausnahme der Jahresabschlüsse und der Eröffnungsbilanz – dürfen auf Datenträgern gespeichert aufbewahrt werden.

- Die Führung der Handelsbücher und sonst erforderliche Aufzeichnungen müssen in einer **lebenden Sprache** erfolgen.

- Werden Abkürzungen, Ziffern, Buchstaben oder Symbole verwendet, so muss deren Bedeutung eindeutig festliegen.

- Die Eintragungen in Büchern und die sonst erforderlichen Aufzeichnungen müssen **vollständig, richtig, zeitgerecht und geordnet** vorgenommen werden.

- Eintragungen oder Aufzeichnungen dürfen nicht so verändert werden, dass der ursprüngliche Inhalt nicht mehr feststellbar ist.

- **Keine Buchung ohne Beleg.**

- Belege müssen **fortlaufend nummeriert** und **geordnet aufbewahrt** werden.

c)

Die Grundsätze ordnungsmäßiger Buchführung sollen vor allem Unternehmenseigner, Gläubiger und den Fiskus vor falschen Informationen und Verlusten schützen.

d)

§ 238 **HGB** besagt, dass jeder Kaufmann verpflichtet ist, Bücher zu führen und in diesen seine Handelsgeschäfte und die Lage seines Vermögens nach den Grundsätzen ordnungsmäßiger Buchführung ersichtlich zu machen.

Nach § 141 **AO** sind gewerbliche Unternehmer buchführungspflichtig, wenn sie pro Jahr Umsätze von mehr als 800.000 € oder einen Gewinn aus Gewerbebetrieb von mehr als 80.000 € haben.

3.3 Bestands- und Erfolgskonten

	Aktiv-konto	Passiv-konto	Aufwands-konto	Ertrags-konto	Nichts zu-treffend
Forderungen aus Lieferungen und Leistungen	x				
Vorsteuer	x				
Kraftfahrzeugsteuer			x		
Schlussbilanzkonto					x
Büromaschinen, Kommunikationsanlagen	x				
Nebenerlöse aus Vermietung und Verpachtung				x	
Sonstige betriebliche Steuern			x		
Verbindlichkeiten aus Lieferungen und Leistungen		x			
Erlösberichtigungen				x	
Zinserträge				x	
Langfristige Bankverbindlichkeiten – Darlehen		x			
Umsatzsteuer		x			
Gewinn- und Verlustkonto					x

Der Kontenplan der Office Experten (siehe Anlage) ist nach dem sog. Abschlussgliederungsprinzip aufgebaut. Alle Bestandskonten (Aktiv- und Passivkonten) befinden sich in den Kontenklassen 0 bis 4, die Erfolgskonten (Aufwands- und Ertragskonten) in den Kontenklassen 5 bis 7 und die Abschlusskonten in Kontenklasse 8.

Die „Erlösberichtigungen" verschlechtern zwar die Gewinn- und Verlustrechnung stehen aber in der Kontenklasse 5 bei den Erträgen – es sind also „negative" Erträge.

3.4 Auswirkungen von Geschäftsvorfällen

	Aktiv-tausch	Passiv-tausch	Aktiv-Passiv-Mehrung	Aktiv-Passiv-Minderung	Jahres-überschuss steigt	Jahres-überschuss sinkt	Jahres-überschuss unverändert
Verkauf eines Bürostuhles auf Ziel			x		x		
Forderungen (A+) an Umsatzerlöse* (Eigenkapital P+) / Umsatzsteuer (P+)							
Das Finanzamt überweist den Vorsteuerüberhang	x						x
Bank (A+) an Vorsteuer (A-)							
Kraftfahrzeugsteuer für einen Firmen-PKW wird abgebucht				x		x	
Kraftfahrzeugsteuer* (Eigenkapital P-) an Bank (A-)							
Umwandlung einer kurz-fristigen in eine langfristige Bankverbindlichkeit		x					x
Kurzfristige Bankverbindlichkeiten (P-) an Langfristige Bankverbindlichkeiten (P+)							
Kauf eines Scanners auf Ziel			x				x
BGA (A+) / Vorsteuer (A+) an Verbindlichkeiten (P+)							
Barkauf von Tonerkartuschen				x		x	
Aufwendungen für Büromaterial* (Eigenkapital P-) / Vorsteuer (A+) an Kasse (A-)							
Barabhebung vom Konto bei der Postbank	x						x
Kasse (A+) an Postbank (A-)							
Kunde überweist offene Forderung unter Abzug von Skonto				x		x	
Bank (A+) / Umsatzsteuer (P-) / Erlösberichtigungen* (Eigenkapital P-) an Forderungen (A-)							

Erläuterungen

* Bei den Erfolgskonten ist zu beachten, dass sie als Aufwands- und Ertragskonten über das Gewinn- und Verlustkonto abgeschlossen werden, also eine Auswirkung auf den Jahresüberschuss nach sich ziehen und damit in letzter Konsequenz das **Passivkonto Eigenkapital** verändern.

(A+) und (A-) bedeutet eine Veränderung eines Aktivkontos
(P+) und (P-) bedeutet eine Veränderung eines Passivkontos

3.5 Vorgänge in der Buchhaltung

a)	Erstellung der Schlussbilanz	7
b)	Unterkonten über Oberkonten abschließen	3
c)	Buchung der Geschäftsvorfälle	2
d)	Zeitliche Abgrenzungen vornehmen	4
e)	Abschluss des Gewinn- und Verlustkontos	6
f)	Gewinn oder Verlust ermitteln	5
g)	Eröffnung aller Bestandskonten zu Beginn des Jahres	1

3.6 Steuern in der Buchführung

a)	Umsatzsteuer	3
b)	Grunderwerbsteuer	2
c)	Kfz-Steuer	1
d)	Vorsteuer	3
e)	Grundsteuer	1
f)	Lohnsteuer der Arbeitnehmer	3
g)	Versicherungssteuer	1

Aufwandsteuern werden auf Aufwandskonten gebucht und mindern unmittelbar den Gewinn. Die Grundsteuer muss viermal jährlich an die Gemeinde abgeführt werden.

Aktivierungspflichtige Steuern sind als Anschaffungsnebenkosten auf dem entsprechenden Bestandskonto zu aktivieren. Die Grunderwerbsteuer fällt einmalig an und ohne ihre Bezahlung erfolgt keine Eigentumsübertragung im Grundbuch.

Durchlaufsteuern zieht der Unternehmer im Auftrag des Finanzamtes ein.

Privat- oder Personensteuern betreffen die Person des Unternehmers und werden über das Privatkonto gebucht. Bei den Office Experten handelt es sich um eine GmbH, in der es kein Privatkonto gibt.

3.7 Vor- und Umsatzsteuerbuchungen

a)

(1)
- Kauf von Handelswaren auf Ziel
- Kauf eines Firmenfahrzeuges
- Kauf von Büromaterial

(2)
- Bezahlung einer Eingangsrechnung unter Abzug von Skonto
- Gutschrift eines Lieferanten wegen einer Mängelrüge
- Lieferant gewährt einen Bonus

(3)
- Kunde bezahlt eine Rechnung unter Abzug von Skonto
- Kunde wird ein Bonus gewährt
- Kunde erhält Gutschrift für zurückgeschickte Handelswaren

(4)
- Verkauf von Waren auf Ziel
- Verkauf einer nicht mehr benötigten Drehbank
- Verkauf eigener Erzeugnisse gegen Barzahlung

b)

4800 an 2600

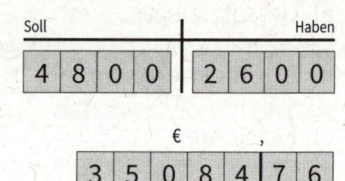

c)

36.381,24 – 1.296,48 = **35.084,76**

d) und e)

Es handelt sich um eine **Umsatzsteuerzahllast** in Höhe von **244.924,87 €**, da die zu zahlende Umsatzsteuer größer ist als die Vorsteuer. Im umgekehrten Fall spricht man von einem Vorsteuerüberhang.

2600 Vorsteuer		4800 Umsatzsteuer	
(1) 36.381,24	(2) 1.296,48	(3) 4.610,03	(4) 284.619,66
	35.084,76	35.084,76	
		244.924,87	

f)

Bis zum 10. des Folgemonats – mit Dauerfristverlängerung bis zum 10. des übernächsten Monats – muss beim Finanzamt eine Umsatzsteuervoranmeldung gemacht werden und die 244.924,87 € müssen abgeführt werden. Buchung: 4800 an 2801.

3.8 Kontierung von Kontoauszügen

a)

7030 an 2802

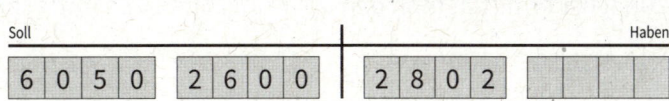

b)

6050/2600 an 2802

c)

$$\frac{1.699,32\ € × 19\ \%}{119\ \%} = \textbf{271,32 €}$$

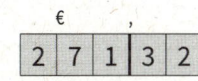

d)

2802/5101/4800 an 2405

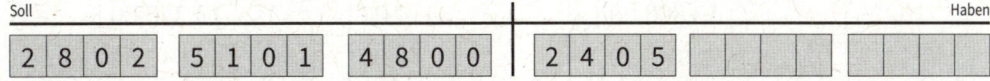

e)

Zunächst ermittelt man den ursprünglichen Gesamtrechnungsbetrag:

$$\frac{3.032,12\ € × 100\ \%}{98\ \%} \quad oder \quad \frac{3.032,12\ €}{0,98} = 3.094,00\ €$$

Dann muss aus diesem Betrag der 100%ige Nettowert herausgerechnet werden:

$$\frac{3.094,00\ € × 100\ \%}{119\ \%} \quad oder \quad \frac{3.094,00\ €}{1,19} = \textbf{2.600,00 €}$$

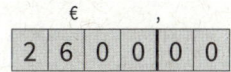

	Ursprüngliche Rechnung	(-) 2 % Skonto	(=) Über- weisungsbetrag
100 %	**2.600,00**	52,00	2.548,00
19 %	494,00	9,88	484,12
119 %	3.094,00	61,88	3.032,12

f)

4403 an 0700/2600/2802

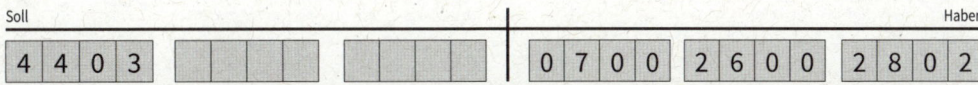

Der Skontoabzug führt nach § 255 HGB zu einer Verminderung der Anschaffungskosten der Bandsäge. Die Korrektur wird direkt auf dem entsprechenden Anlagenkonto (hier 0700) vorgenommen. Keinesfalls darf hier das Konto 6082 Nachlässe genommen werden. Das ist ein Unterkonto zu den Aufwendungen für Handelswaren.

Fortsetzung auf der nächsten Seite.

3.8 Kontierung von Kontoauszügen

Fortsetzung

g)

Zunächst ermittelt man den ursprünglichen Gesamtrechnungsbetrag:

$$\frac{15.929,34\ \text{€} \times 100\ \%}{97\ \%} \quad oder \quad \frac{15.929,34\ \text{€}}{0,97} = 16.422,00\ \text{€}$$

Dann muss aus diesem Betrag die 19%ige Umsatzsteuer herausgerechnet werden:

$$\frac{16.422,00\ \text{€} \times 19\ \%}{119\ \%} = \mathbf{2.622,00\ \text{€}}$$

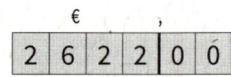

	Ursprüngliche Rechnung	(-) 3 % Skonto	(=) Über-weisungsbetrag
100 %	13.800,00	414,00	13.386,00
19 %	**2.622,00**	78,66	2.543,34
119 %	16.422,00	492,66	15.929,34

h)

(+) 26.902,59

Der Betrag ergibt sich aus dem vorherigen Saldo 42.831,93 € abzgl. 15.929,34 € aus der Buchung (4).

3.9 Inventur – Inventar – Bilanz

a)

Inventur ist die mengen- und wertmäßige Bestandsaufnahme aller Vermögensteile und Schulden eines Unternehmens zu einem bestimmten Zeitpunkt.

Daraus ergibt sich das **Inventar**, nämlich das ausführliche Bestandsverzeichnis aller Vermögensteile und Schulden eines Unternehmens zu einem bestimmten Zeitpunkt in Staffelform.

Aus dem Inventar heraus kann man eine **Bilanz**, die kurzgefasste Gegenüberstellung von Vermögen/Aktiva und Kapital/Passiva in Kontenform, erstellen.

b)

Eine **Stichtagsinventur** wird zum Bilanzstichtag oder bis zu 10 Tage vorher oder nachher durchgeführt. Es muss eine mengen- und wertmäßige Fortschreibung oder Rückrechnung vorgenommen werden, wenn sie nicht genau zum Stichtag erfolgt. Die Stichtagsinventur ist der vom Gesetzgeber vorgesehene Normalfall. Insbesondere in artikel- und/oder materialintensiven Betrieben führt sie zu umfangreichen Störungen des Betriebsablaufes, weswegen sich bei den Vorratspositionen eine der beiden folgenden Möglichkeiten anbietet.

Bei einer **verlegten Inventur** darf die Inventur bis zu drei Monate vor oder zwei Monate nach dem Bilanzstichtag durchgeführt werden. Anschließend wird der Wert am Tag der Aufnahme wertmäßig auf den Bilanzstichtag fortgeschrieben (Wertfortschreibung) bzw. auf den Bilanzstichtag zurückgerechnet (Wertrückrechnung). Vorteil ist insbesondere, dass die Inventur zu einem für das Unternehmen günstigeren Zeitpunkt durchgeführt werden kann.

Bei einer **permanenten Inventur** werden die Inventurtätigkeiten bei den Vorratspositionen über das ganze Jahr verteilt und möglichst bei jeweils niedrigen Beständen vorgenommen. Die Fortschreibung muss nur mengenmäßig erfolgen. Jeder Artikel muss einmal im Jahr aufgenommen werden. Diese Inventur ist nur zulässig bei vorhandener Lagerbuchführung.

c)

Bei einer **körperlichen Inventur** erfolgt die mengen- und wertmäßige Aufnahme aller körperlichen Vermögensgegenstände durch Zählen, Messen, Wiegen und notfalls Schätzen. Sie erfolgt insbesondere bei den Vorratspositionen wie Roh-, Hilfs- und Betriebsstoffen.

Die **Inventur mittels Anlagendatei** ersetzt die körperliche Inventur, wenn eine Anlagenbuchhaltung vorhanden ist, aus der Bezeichnung, Tag der Anschaffung, Anschaffungskosten, Nutzungsdauer, Abschreibung etc. hervorgehen. Sie erfolgt insbesondere bei Anlagepositionen wie Fuhrpark, Maschinen und Betriebs- und Geschäftsausstattung.

Eine **Buchinventur** erfolgt bei allen nicht körperlichen Vermögensgegenständen und Schulden wie z. B. Forderungen, Darlehen, Wertpapieren und Verbindlichkeiten mithilfe von Belegen, Kontoauszügen, Saldenbestätigungen etc.

d)

Als Inventurdifferenz bezeichnet man die Differenz zwischen den Soll- bzw. Buchbeständen der Finanzbuchhaltung und den bei der Inventur tatsächlich festgestellten Istbeständen.

Fortsetzung auf der nächsten Seite.

3.9 Inventur – Inventar – Bilanz

Fortsetzung

e)

- Diebstahl
- Einbuchung einer falschen Menge. Es wurde die Menge laut Lieferschein gebucht. Die tatsächlich gelieferte Menge war größer oder kleiner.
- Falsche Artikelnummer. Ein Artikel wurde unter einer falschen Artikelnummer erfasst. Dies führt dazu, dass der Buchbestand eines Artikels zu hoch und der eines anderen zu niedrig ausgewiesen wird.
- Ein defekter Computer wird entsorgt, ohne die entsprechende Anlagendatei zu korrigieren.
- Vergessene oder doppelt vorgenommene Buchungen.

f)

6940 an 2880

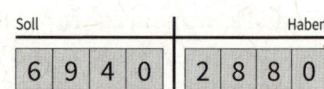

Da die Differenz genau 100 € beträgt, ist zu vermuten, dass entweder 100 € zu wenig in die Kasse gelegt worden oder gestohlen worden sind. Auch ein Fehler bei der Herausgabe von Wechselgeld oder ein Tippfehler beim Kassiervorgang sind denkbar.

g)

2801 an 4250

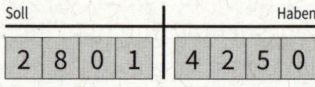

h)

7510 an 5710

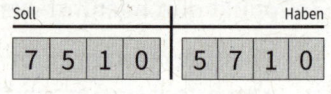

Es liegt ein Verstoß gegen das **Saldierungs- oder Verrechnungsverbot** nach § 246 Abs. 2 HGB vor. Danach dürfen Aufwendungen nicht mit Erträgen verrechnet werden. Die 4,17 € müssen also von den Zinsaufwendungen auf die Zinserträge umgebucht werden. Das Gesamtergebnis ändert sich dadurch nicht.

3.10 Jahresabschlussanalyse

a)

$$\text{Eigenkapitalquote} = \frac{\text{Eigenkapital}}{\text{Gesamtkapital}} \times 100\ \%$$

$$= \frac{2.500}{5.810} \times 100\ \% = \mathbf{43,0\ \%}$$

%,
| 4 | 3 | 0 |

b)

$$\text{Eigenkapitalrentabilität} = \frac{\text{Jahresüberschuss}}{\text{Durchschnittliches Eigenkapital}} \times 100\ \%$$

$$= \frac{112}{1.300} \times 100\ \% = \mathbf{8,6\ \%}$$

%,
| 8 | 6 |

c)

Die Eigenkapitalrentabilität sollte oberhalb einer landesüblichen Verzinsung in einer sicheren Kapitalanlage liegen (Opportunitätskosten = Nutzenentgang einer anderen Verwendung) und auch eine Prämie für das Unternehmerrisiko (Risikoprämie) beinhalten. Denn schließlich hätte man das Eigenkapital, welches im Unternehmen steckt, ja auch in diese andere Anlage (z. B. Bundesanleihen) stecken können.

3.11 Jahresabschluss bei Kapitalgesellschaften

a) Die Gegenüberstellung von Leistungen und Kosten führt zum **Betriebsergebnis** (internes Rechnungswesen).　　9

b) Der **Lagebericht** erläutert den Geschäftsverlauf, das Geschäftsergebnis sowie die Lage und voraussichtliche Entwicklung des Unternehmens mit den wesentlichen Chancen und Risiken.　　4

c) Die Gegenüberstellung von Erträgen und Aufwendungen erfolgt in der **Gewinn- und Verlustrechnung** (externes Rechnungswesen).　　2

d) In der **Bilanz** werden Vermögen oder Aktiva und Kapital oder Passiva zum Bilanzstichtag gegenübergestellt.　　1

e) Kapitalmarktorientierte Kapitalgesellschaften, die z. B. Aktien ausgeben, müssen den Jahresabschluss um eine **Kapitalflussrechnung** erweitern, die einen Einblick in Größe und Art der Zu- und Abflüsse der Finanzierungsmittel eines Geschäftsjahres geben.　　9

g) Der **Anhang** enthält z. B. Angaben über Bilanzierungs- und Bewertungsmethoden, den Anlagenspiegel, die Mitarbeiterzahl und Informationen über Aufwendungen und Erträge von außergewöhnlicher Bedeutung　　3

3.12 Reparatur von Anlagegütern

6160/2600 an 4406

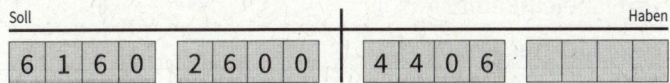

Es handelt sich nicht um eine werterhöhende, sondern um eine rein werthaltende Maßnahme, bei der die Funktionsfähigkeit der Anlage wiederhergestellt wird. Solche Vorgänge werden sofort in die Aufwendungen gebucht.

3.13 Kauf und Kalkulation von Handelswaren

Bei den mobilen Whiteboards und den Aktenvernichtern handelt es sich um Handelswaren der Office Experten (siehe Unternehmensbeschreibung), deren Einkauf in den Prüfungen üblicherweise aufwandsorientiert gebucht wird.

a)
6080/2600 an 4401

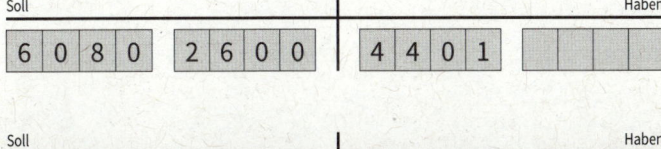

b)
4401 an 6080/2600

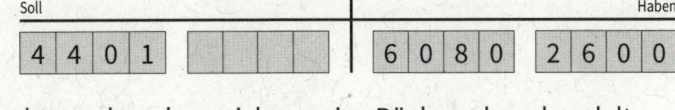

Das Konto 6082 „Nachlässe" darf hier nicht gebucht werden, da es sich um eine Rücksendung handelt. Bei einem Nachlass z. B. wegen einer Mängelrüge oder Skonto behalten die Office Experten die Waren und zahlen nur weniger dafür.

Fortsetzung auf der nächsten Seite.

3.13 Kauf und Kalkulation von Handelswaren

Fortsetzung

c)

4401 an 2802/6082/2600

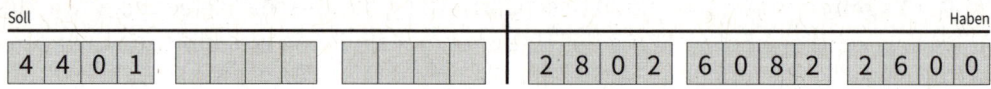

Soll					Haben
4 4 0 1			2 8 0 2	6 0 8 2	2 6 0 0

d) bis f)

	Ursprüngliche Rechnung	(-) Gutschrift	(=) Restbetrag	(-) 3 % Skonto	(=) Über-weisungsbetrag
100 %	2.629,94	319,24	2.310,70	**(e) 69,32**	
19 %	499,69	**(f) 60,66**	439,03	13,17	
119 %	3.129,63	379,90	2.749,73	82,49	**(d) 2.667,24**

g) und h)

			Vorkalkulation		
		%	€		
	Listeneinkaufspreis		1.148,60	100,0 %	
−	Liefererrabatt	10	114,86	10,0 %	
=	Zieleinkaufspreis		1.033,74	90,0 %	100,0 %
−	Liefererskonto	3	31,01		3,0 %
=	Bareinkaufspreis		1.002,73		97,0 %
+	Bezugskosten		0,00		
=	Bezugspreis / Einstandspreis		1.002,73	100,0 %	
+	Handelswarengemeinkosten	25	250,68	25,0 %	
=	Selbstkosten		**(h) 1.253,41**	125,0 %	

g)

$$\frac{1.002,73 \, €}{10} = \textbf{100,27 €}$$

€			,		
1	0	0	2	7

h) Auch richtig **1.253,38 €** oder **1.253,40 €**

3.14 Kalkulation und Verkauf von Handelswaren

a)

504,69 € (siehe unten stehende Tabelle)

b)

$$\text{Kalkulationszuschlag} = \frac{\text{Listenverkaufspreis} - \text{Bezugspreis}}{\text{Bezugspreis}} \times 100\,\%$$

Kalkulationszuschlag ist der Prozentsatz, der auf den Bezugspreis aufgeschlagen werden muss, um in einem Rechenschritt direkt zum Listenverkaufspreis zu gelangen.

Hier also 323,37 € + **56,07 %** = 504,69 €.

c)

$$\text{Handelsspanne} = \frac{\text{Listenverkaufspreis} - \text{Bezugspreis}}{\text{Listenverkaufspreis}} \times 100\,\%$$

Die Handelsspanne ist die prozentuale Differenz zwischen Listenverkaufspreis und Bezugspreis bezogen auf den Listenverkaufspreis.

Hier also 504,69 € – **35,93 %** = 323,37 €.

d)

$$\text{Kalkulationsfaktor} = \frac{\text{Listenverkaufspreis}}{\text{Bezugspreis}}$$

Der Kalkulationsfaktor ist die Zahl, mit der der Bezugspreis multipliziert werden muss, um in einem Rechenschritt direkt zum Listenverkaufspreis zu gelangen. Hier also 323,37 € x **1,5607** = 504,69 €.

		%	€	Kalkulations-zuschlag		Handelsspanne		Kalkulations-faktor	
	Listeneinkaufspreis		357,00						
–	Liefererrabatt	9	32,13						
=	Zieleinkaufspreis		324,87						
–	Liefererskonto	2	6,50						
=	Bareinkaufspreis		318,37						
+	Bezugskosten		5,00						
=	Bezugspreis / Einstandspreis		323,37	100,00 %		323,37	64,07 %	323,37	1,0000
+	Handelswaren-gemeinkosten	25	80,84						
=	Selbstkosten		404,21					x	
+	Gewinnzuschlag	9	36,38	181,32 **(b)** **56,07%**		181,32 **(c) 35,93 %**		**1,5607** **(d)** =	0,5607
=	Barverkaufspreis		440,59						
+	Kundenskonto	3	13,63						
=	Zielverkaufspreis		454,22						
+	Kundenrabatt	10	50,47						
=	Listenverkaufspreis		**(a) 504,69**	156,07 %		504,69	100,00 %	504,69	1,5607

3.14 Kalkulation und Verkauf von Handelswaren

Fortsetzung

e)

2402 an 5100/4800

Soll								Haben			
2	4	0	2				5	1	0	0	4 8 0 0

f)

5101/4800 an 2402

Soll								Haben			
5	1	0	1	4 8 0 0			2	4	0	2	

Bei den 20,00 € handelt es sich um eine Erlösberichtigung, die auf dem Unterkonto des Kontos 5100 gebucht wird. Wäre der komplette Visualizer zurückgeschickt worden, hätten die Office Experten eine Stornobuchung gemacht (5100/4800 an 2402).

g)

2801/5101/4800 an 2402

Soll 2801 5101 4800	2402 Haben

h) bis k)

	Ursprüngliche Rechnung	(-) Gutschrift	(=) Restbetrag	(-) 3 % Skonto	(=) Überweisungsbetrag
100 %	3.150,00	**(k) 20,00**	3.130,00	**(k) 93,90**	**(i) 3.036,10**
19 %	598,50	3,80	594,70	17,84	576,86
119 %	3.748,50	23,80	3.724,70	111,74	**(h) 3.612,96**

h)

3.612,96 €

i)

3.036,10 €

Auswirkung auf die Gewinn- und Verlustrechnung haben nur die Nettowerte. Bei der Umsatzsteuer handelt es sich um einen durchlaufenden Posten.

j)

5100 an 5101

Soll 5100	5101 Haben

Unterkonten werden über die jeweiligen Oberkonten abgeschlossen.

k)

20,00 € + 93,90 € = **113,90 €**

3.15 Kostenvergleich

a)

Der einfachste Weg geht sicherlich über das Gleichsetzen der beiden Kostenfunktionen und die anschließende Auflösung nach x (Anzahl der Kopien).

Kosten Alternative A = Kosten Alternative B

$$42,00 \times 12 + 0,052x = 126,00 \times 12 + 0,034x$$
$$504,00 + 0,052x = 1.512 + 0,034x$$
$$0,018x = 1.008$$
$$x = \textbf{56.000 (Kopien)}$$

Bis 55.999 Kopien ist also Alternative A günstiger, ab 56.001 Alternative B

b)

6.000 Kopien pro Monat entsprechen 72.000 Kopien pro Jahr. Folglich sollte sich die Verwaltung für **Alternative B** entscheiden.

c)

Im Nullpunkt fallen nur die monatlichen Leasingkosten an:

A: 42,00 € x 12 Monate = 504,00 €
B: 126,00 € x 12 Monate = 1.512,00 €

Bei 72.000 Kopien müssen die Kosten pro Kopie dazugerechnet werden:

A: (72.000 Kopien x 0,052 €/Kopie) + 504,00 € = 4.248,00 €
B: (72.000 Kopien x 0,034 €/Kopie) + 1.512,00 € = 3.960,00 €

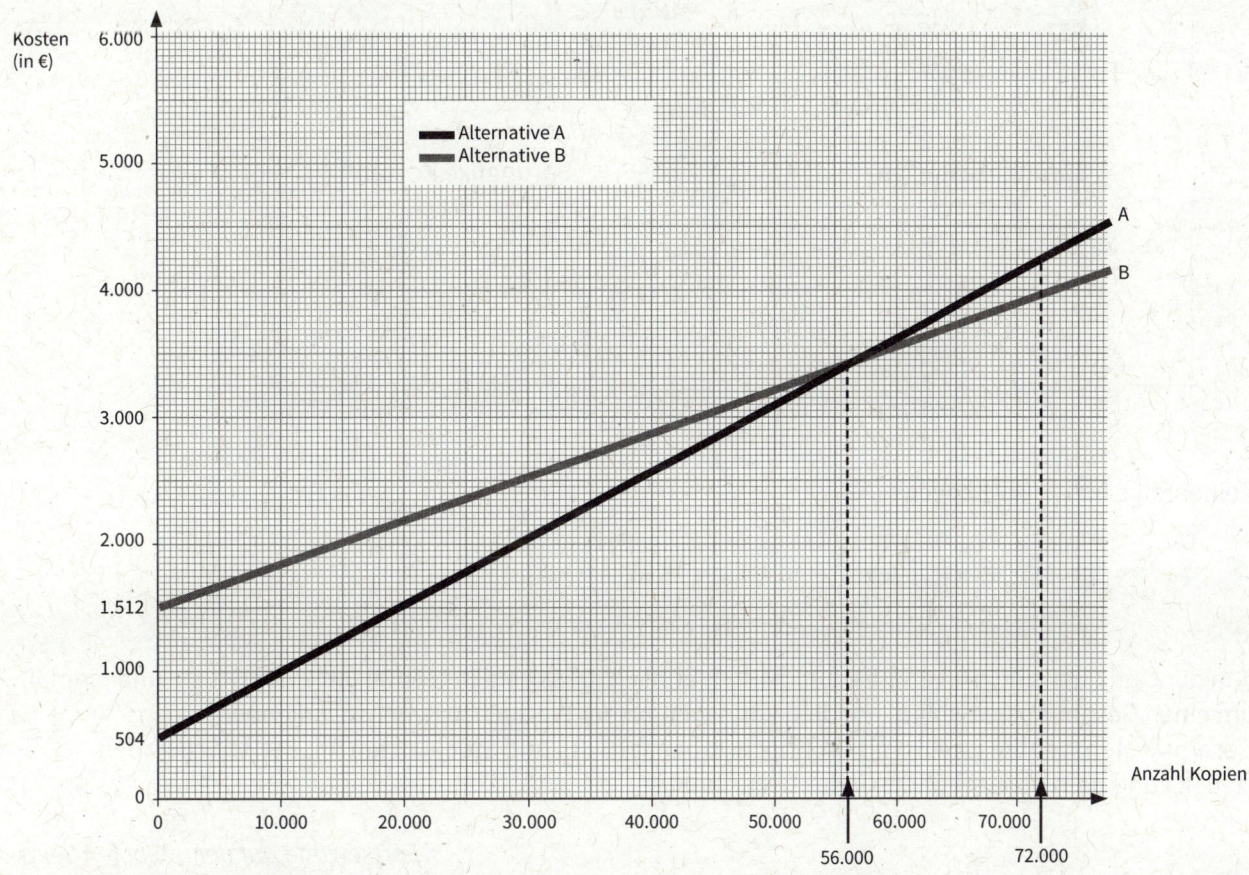

3.16 Kostenverläufe

a)

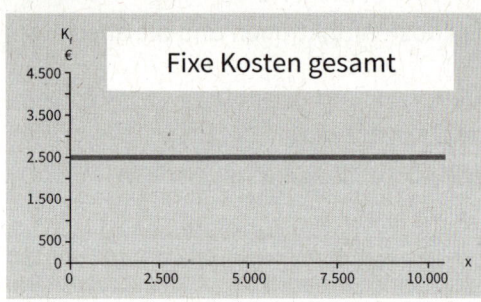

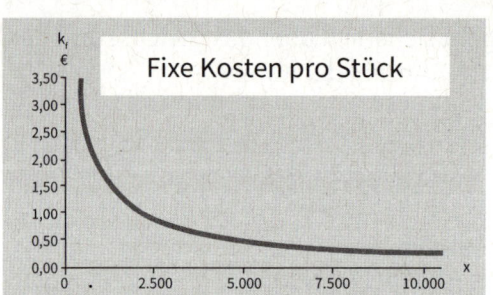

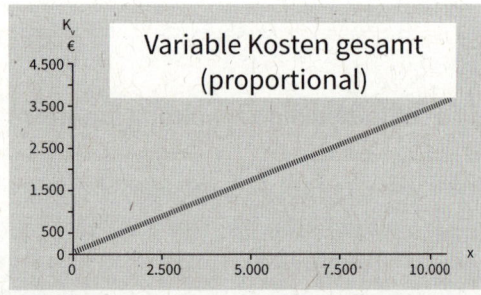

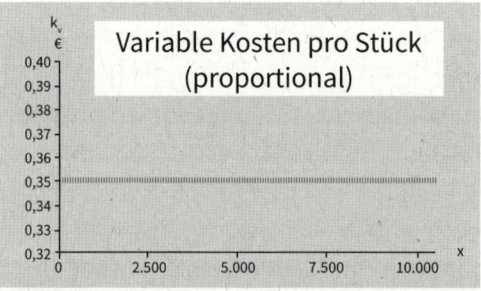

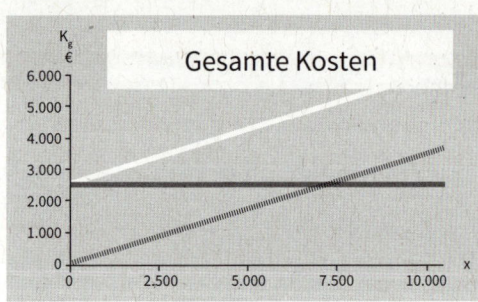

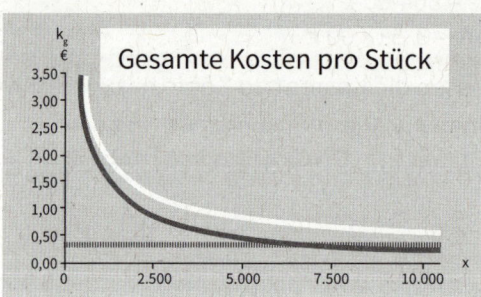

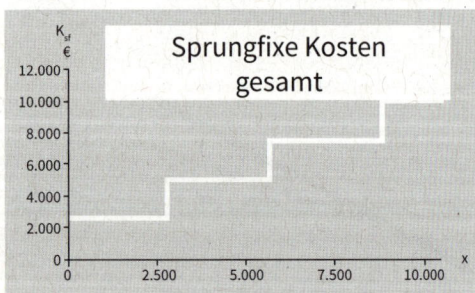

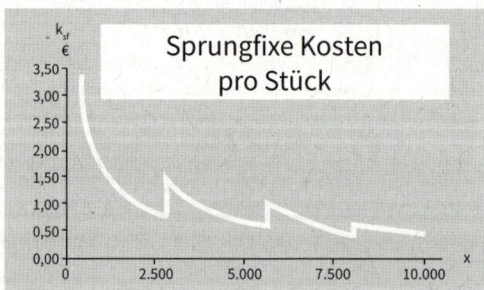

Reihenfolge im Lösungsbogen:

aa)	ab)	ac)	ad)	ae)	af)	ag)	ah)
4	7	2	5	1	6	3	8

Von der Optik her sind die Verläufe 1 und 4 sehr ähnlich. Dass es sich einmal um einen Stück- und einmal um einen Gesamtkostenverlauf handelt, kann man an der Wertachse (Y-Achse) erkennen. Gesamtkosten werden jeweils mit Großbuchstaben (z. B. K_f) und Stückkosten mit Kleinbuchstaben (z. B. k_f) und dem dazugehörigen Index bezeichnet.

Fortsetzung auf der nächsten Seite.

Lernen, wo und wann du willst!

U-FORM LERNKARTEN

Kennst du schon die u-form Lernkarten? Damit ist mobiles Lernen ganz unkompliziert! **Einfach mitnehmen und lernen, wo du willst.**

Die Lernkarten sind für viele verschiedene Ausbildungsberufe und kaufmännische Themen erhältlich – **in Papierform oder als App!**

Hier unsere persönliche Auswahl speziell für deinen Ausbildungsberuf:

Lernkarten Abschlussprüfung
Kaufmann/Kauffrau für Büromanagement
(Auszug aus Lernkarten Best.-Nr. 2300)

Schritt für Schritt zum Erfolg
mit der wissenschaftlich erprobten Lernform

Überall und jederzeit lernen
mit allen gängigen Endgeräten

Motivation mit dabei
durch Levelsystem, Lernfortschritt und Erfolge

 Geschäftsprozesse 115

Einer Ihrer Lieferanten befindet sich in Lieferungsverzug.

Welche Rechte stehen Ihnen als Kunde zu?

FRAGE

 Kundenorientierte Auftragsabwicklung 195

Sie sollen den Listenverkaufspreis einer Handelsware für einen potenziellen Neukunden ermitteln.

Welche Position berücksichtigen Sie nach Ermittlung des Zielverkaufspreises, um zum endgültigen Angebotspreis zu kommen?

a) Gewinnzuschlag
b) Kundenskonto
c) Bezugskosten
d) Vertreterprovision
e) Kundenrabatt

FRAGE

Kaufmännische Steuerung – FiBu 326

Kontieren Sie folgenden Beleg mithilfe der angegebenen Konten (Auszug).

Eingangsrechnung Ihres Lieferanten für Handelswaren

2499 Sonstige Kunden
2600 Vorsteuer
2800 Bank
4499 Sonstige Lieferanten
4800 Umsatzsteuer
5100 Umsatzerlöse für Handelswaren
5101 Erlösberichtigungen
6080 Aufwendungen für Handelswaren
6082 Nachlässe

FRAGE

Kommunikation und Kooperation 378

Was ist beim Geben von Feedback zu beachten? Wählen Sie die **3** zutreffenden Aussagen aus.

a) Die Rückmeldung sollte zeitnah erfolgen.
b) Die Situation muss passen, damit der Empfänger nicht gekränkt wird.
c) Es sollte konkret nur das Fehlverhalten angesprochen werden.
d) Feedback sollte immer in der Wir-Form gegeben werden.
e) Die Person sollte unter vier Augen angesprochen werden.

FRAGE

Berufsbildung 492

Welche Aussagen zur Jugend- und Auszubildendenvertretung sind zutreffend?

a) Mindestens 5 Personen mit aktivem Wahlrecht müssen im Unternehmen beschäftigt sein und es gibt bereits einen Betriebsrat.
b) Aktives Wahlrecht haben Arbeitnehmer bis zur Vollendung des 18. Lebensjahrs.
c) Aktives Wahlrecht haben alle Auszubildenden.
d) Aktives Wahlrecht heißt, dass die Person gewählt werden kann.
e) Passives Wahlrecht heißt, dass die Person gewählt werden kann.
f) Passives Wahlrecht haben alle Mitarbeiter des Unternehmens.

FRAGE

 **Umweltschutz** 524

Welches Zeichen weist besonders auf die Umweltverträglichkeit eines Produktes hin?

a) GS-Zeichen
b) Blauer Engel
c) CE-Zeichen

FRAGE

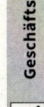

326

6080		Aufwendungen für Handelswaren
2600		Vorsteuer
an	4499	Sonstige Lieferanten

524

Richtig ist: **b)** Blauer Engel

Der **Blaue Engel** wird für Produkte und Dienstleistungen vergeben, die besonders hohe Ansprüche an Umwelt-, Gesundheits- und Gebrauchseigenschaften erfüllen.

Das **GS-Zeichen** (,,Geprüfte Sicherheit") bestätigt, dass ein Produkt den Anforderungen gemäß Produktsicherheitsgesetz genügt. Die Verwendung ist freiwillig.

Das **CE-Zeichen** ist ein gesetzlich vorgeschriebenes Prüfzeichen.

195

Richtig ist: **e)**

Kalkulationsschema:

Selbstkosten
+ Gewinnzuschlag
= Barverkaufspreis
+ Kundenskonto
+ Vertreterprovision
= Zielverkaufspreis
+ Kundenrabatt
= Listenverkaufspreis

492

Aktives Wahlrecht (JAV):
Aktives Wahlrecht heißt, dass die Person wählen gehen darf.
Es gilt für:
• alle Beschäftigten unter 18 Jahren
• alle zu ihrer Berufsausbildung Beschäftigten unabhängig vom Alter

Passives Wahlrecht (JAV):
Passives Wahlrecht heißt, dass sich die Person zur Wahl aufstellen lassen kann.
Es gilt für:
• alle Beschäftigten bis 25 Jahren
• alle zu ihrer Berufsausbildung Beschäftigten unabhängig vom Alter

Richtige Antworten: **a), b), c), e)**

115

Vorrangig:
Recht auf Lieferung
Wenn Sie die Ware nicht dringend benötigen und der Lieferant sonst immer zuverlässig war, sollten Sie auf Vertragserfüllung bestehen und ggf. keine weiteren Rechte geltend machen.

Nachrangig:
Rücktritt vom Vertrag und ggf. Schadenersatzforderung
Wenn Sie die Ware nicht mehr benötigen (weil Sie sie z. B. bereits anderweitig bezogen haben), können Sie vom Vertrag zurücktreten und ggf. Schadenersatzforderungen geltend machen.

378

Richtige Aussagen: **a), b), e)**

Regeln zum Geben von Feedback:
• Zeitnahe Rückmeldung
• Ich-Botschaften verwenden: Ich finde, dass...
• Pauschalaussagen vermeiden
• Konkretes Verhalten ansprechen
• Feedback klar formulieren
• Auch Positives nennen
• Passende Situation und passenden Ort wählen (z. B. Sandwich-Methode)
• Person direkt ansprechen, am besten unter vier Augen

3.16 Kostenverläufe

Fortsetzung

b)

Fixe Kosten: Gehalt eines Buchhalters, Büromiete, Prämie für die Betriebshaftpflichtversicherung, lineare Abschreibungen auf Maschinen etc. Diese Kosten fallen unabhängig von der Beschäftigung (Produktion, Menge, Kapazitätsauslastung) an.

Variable Kosten: Rohstoff-, Hilfsstoff- und Betriebsstoffkosten und Fertigungslöhne. Mit steigender Beschäftigung steigen diese Kosten an.

Sprungfixe Kosten: Abschreibungen auf Maschinen oder Mieten für Lagerräume. Eine Maschine kann nur eine begrenzte Stückzahl produzieren. Soll die Produktion darüber hinaus erhöht werden, muss eine weitere Maschine angeschafft werden. Soll eine größere Menge gelagert werden, muss evtl. eine weitere Halle angemietet werden. Die fixen Kosten steigen somit sprunghaft.

c)

Einzel- und Gemeinkosten unterscheiden Kosten dahingehend, ob sie einem Kostenträger – also einem Produkt oder einer Dienstleistung – direkt zugerechnet werden (Einzelkosten) oder nicht (Gemeinkosten).

Variable und fixe Kosten unterscheiden die Kosten danach, ob sie sich im Zusammenhang mit der Leistungserstellung verändern (variable Kosten), oder ob sie gleichbleiben (fixe Kosten).

d)

	Einzelkosten	Gemeinkosten	Variable Kosten	Fixe Kosten
Gehalt von Matthias Zwerg		x		x
Hydraulikbauteil	x		x	
Heftklammern		x	x	
Schmiermittel		x	x	
Lohnkosten für die Montage	x		x	
Betriebshaftpflichtversicherung		x		x
Kfz-Steuer		x		x

Erläuterungen:
- Zur grundsätzlichen Abgrenzung siehe Antwort zu c)
- Bei den Positionen Hydraulikbauteil, Heftklammern, Schmiermittel und Lohnkosten handelt es sich um variable Kosten. Je mehr Stühle produziert werden, desto höhere Kosten fallen an.
- Die Kosten für Schmiermittel und die Heftklammern werden den Stühlen sicherlich nicht direkt zugerechnet. Das wäre zwar möglich, ist aber völlig unwirtschaftlich. Sie gehen üblicherweise als Gemeinkosten in die Fertigungsgemeinkostenzuschläge ein.
- Bei dem teuren Hydraulikbauteil und den Lohnkosten lohnt sich eine genaue Erfassung und Zuordnung. Deswegen handelt es sich um Einzelkosten.

e)

Unter Fixkostendegression versteht man das Absinken der fixen Kosten pro Stück mit zunehmender Kapazitätsauslastung (Menge, Beschäftigung, Produktion). Siehe Grafik 2 Frage a). Dabei führt eine Verdoppelung der Kapazitätsauslastung jeweils zu einer Halbierung der fixen Kosten pro Stück.

3.17 Break-even-Analyse

Hinweis: Aus Vereinfachungsgründen wird bei den Rechnungen auf die mathematisch korrekte Darstellung der Einheiten verzichtet.

a)

Die Frage nach der Gewinnschwellen- oder Break-even-Menge kann auf zwei Wege beantwortet werden.

1. Über das Gleichsetzen der Erlös- und der Kostenfunktion und der Auflösung nach der Menge x

$$\text{Erlöse} = \text{Kosten} + \text{Gewinn}$$
$$\text{Erlöse} = \text{Fixe Kosten} + \text{Variable Kosten} + \text{Gewinn}$$
$$124{,}00x = 24.000{,}00 + 28{,}00x + 0{,}00$$
$$96{,}00x = 24.000{,}00$$
$$x = \textbf{250 [Stück]}$$

2. Über den Deckungsbeitrag

Der Deckungsbeitrag pro Stück ergibt sich aus:

Preis pro Stück	124,00
– Variable Kosten	28,00
= Deckungsbeitrag pro Stück	96,00

Jede verkaufte Wand trägt also mit **96,00 € zur Abdeckung der fixen Kosten** bei. Jetzt muss man sich nur noch die Frage stellen, wie oft man diese 96,00 € denn braucht, um die fixen Kosten abzudecken:

$$\text{Gewinnschwellenmenge} = \frac{\text{Fixe Kosten}}{\text{DB/Stück}} = \frac{24.000{,}00}{96{,}00} = \textbf{250 [Stück]}$$

Stück

2	5	0

b)

Auch hier sind wieder zwei Wege möglich.

1. Über das Gleichsetzen der Funktionen

$$\text{Erlöse} = \text{Kosten} + \text{Gewinn}$$
$$\text{Erlöse} = \text{Fixe Kosten} + \text{Variable Kosten} + \text{Gewinn}$$
$$124{,}00x = 24.000{,}00 + 28{,}00x + 5.000{,}00$$
$$96{,}00x = 29.000{,}00$$
$$x = 302{,}08 \text{ [Stück]}$$

Da 302,08 Präsentationswände nicht produziert werden können müssen mindestens 303 Stück produziert und verkauft werden, um den Gewinn von mindestens 5.000,00 € zu erzielen. Eine Abrundung würde zu einem Gewinn knapp unter 5.000,00 € (4.992,00 €) führen.

2. Über den Deckungsbeitrag

Die Frage lautet jetzt: „Wie oft brauche ich den Deckungsbeitrag von 96,00 €/Stück, um nicht nur die fixen Kosten, sondern auch den Gewinn abzudecken?"

$$\text{Menge} = \frac{\text{Fixe Kosten} + \text{Gewinn}}{\text{DB/Stück}} = \frac{24.000{,}00 + 5.000{,}00}{96{,}00} = 302{,}08 => \textbf{303 [Stück]}$$

Stück

3	0	3

Fortsetzung auf der nächsten Seite.

3.17 Break-even-Analyse

Fortsetzung

c)

Auch hier sind zwei Wege möglich.

1. Indem man die Funktionsgleichung nach x auflöst

> Gewinn = Erlöse – Kosten
> Gewinn = Erlöse – Fixe Kosten – Variable Kosten
> Gewinn = 124,00 × 210 – 24.000,00 – 28,00 × 210
> Gewinn = 26.040,00 – 24.000,00 – 5.880,00
> Gewinn = **– 3.840,00 [€]**

Es entsteht also ein Verlust, was auch nicht verwunderlich ist, denn die Gewinnschwellenmenge liegt ja bei 250 Stück.

2. Über den Deckungsbeitrag

Gesamtdeckungsbeitrag	96,00 × 210 =	20.160,00
– Fixe Kosten		24.000,00
= Gewinn/Verlust		**– 3.840,00 [€]**

d)

Zunächst müssen der neue Preis und die neuen variablen Kosten ausgerechnet werden.

124,00 – 8 % => 124,00 – 9,92 = 114,08 (neuer Preis)
28,00 + 3 % => 28,00 + 0,84 = 28,84 (neue variable Kosten)

Dann gibt es wieder die bekannten zwei Wege:

1. Über das Gleichsetzen der Erlös- und der Kostenfunktion und der Auflösung nach der Menge x.

> Erlöse = Kosten + Gewinn
> Erlöse = Fixe Kosten + Variable Kosten + Gewinn
> 114,08x = 24.000,00 + 28,84x + 0,00
> 85,24x = 24.000,00
> x = 281,55 => **282 [Stück]**

2. Über den Deckungsbeitrag

Der neue Deckungsbeitrag pro Stück ergibt sich aus:

Preis pro Stück	114,08
– Variable Kosten	28,84
= Deckungsbeitrag pro Stück	85,24

$$\text{Gewinnschwellenmenge} = \frac{\text{Fixe Kosten}}{\text{DB/Stück}} = \frac{24.000,00}{85,24} = 281,55 => \textbf{282 [Stück]}$$

Stück

2	8	2

Fortsetzung auf der nächsten Seite.

3.17 Break-even-Analyse

Fortsetzung

e)

Bei dem Auftrag wären zumindest die variablen Kosten gedeckt und er würde einen zusätzlichen Deckungsbeitrag von 43,00 € pro Stück also insgesamt 2.150 € erbringen:

	Preis pro Stück	71,00
–	Variable Kosten	28,00
=	Deckungsbeitrag pro Stück	43,00

x Menge (50 Stück) = Deckungsbeitrag gesamt 2.150,00 [€]

Vordergründig wäre es also sinnvoll, den Auftrag anzunehmen. Es besteht allerdings die Gefahr, dass andere Kunden das mitbekommen und dann auch auf Dauer den niedrigeren Preis haben wollen. Bei Verkäufen nur unter Deckungsbeitragsgesichtspunkten besteht immer das Risiko, dass man sich die Preise langfristig selbst kaputt macht. Preise senken kann jeder – eine einmal vorgenommene Senkung später wieder zu korrigieren ist sehr viel schwerer!

f)

Die absolute oder auch kurzfristige Preisuntergrenze liegt bei den variablen Kosten in Höhe von **28,00 €**. Jeder Betrag darüber hinaus erbringt zumindest einen kleinen Beitrag zur Abdeckung der fixen Kosten und zum Gewinn.

3.18 Break-Even-Analyse

Reihenfolge im Lösungsbogen:

a)	b)	c)	d)	e)	f)	g)	h)	i)	j)
1	3	10	2	6	4	8	7	5	9

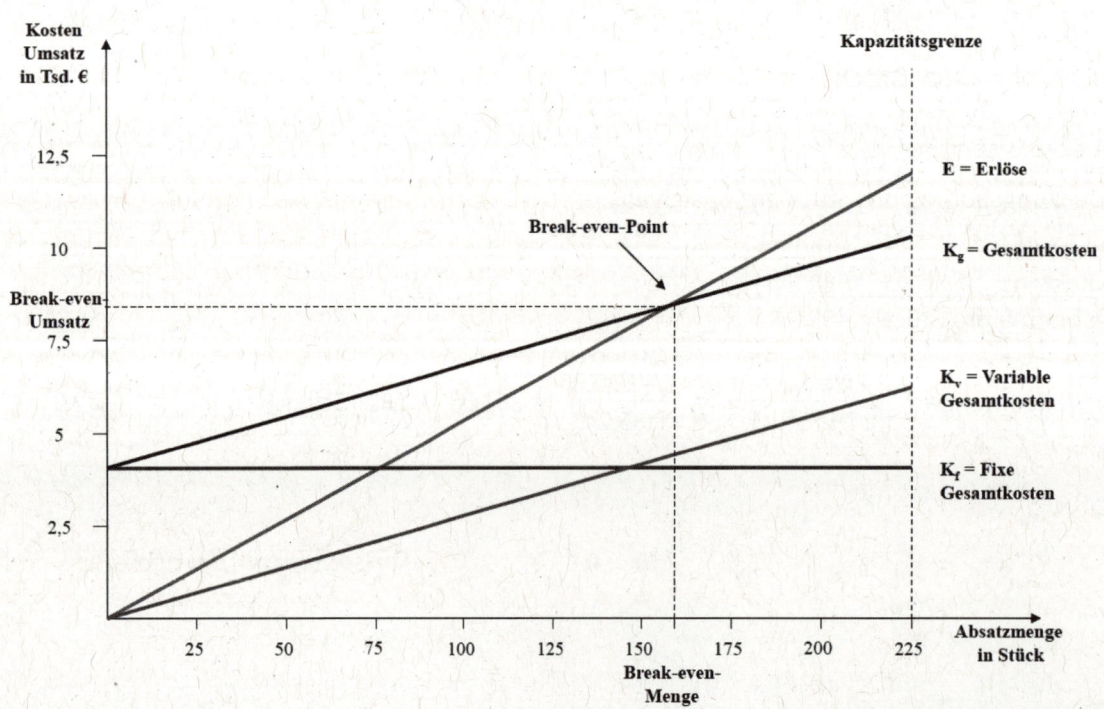

3.19 Teilgebiete der Kostenrechnung

Die **Kostenartenrechnung** beantwortet die Frage, **welche** Kosten entstanden sind.
Beispiele: kalkulatorische Abschreibungen, Personalkosten, Rohstoffkosten, Kfz-Steuer etc.

Die **Kostenstellenrechnung** beantwortet die Frage, **wo** diese Kosten entstanden sind.
Beispiele: Material-, Fertigungs-, Verwaltungs- und Vertriebsbereich

Die **Kostenträgerrechnung** beantwortet die Frage, **wofür** die Kosten entstanden sind.
Beispiele: Schreibtische, Aktenschränke, Stehpulte, Montage der gelieferten Möbel etc.

3.20 Vollkostenrechnung – Teilkostenrechnung

a)

Mit zunehmender Digitalisierung (belegloses Büro), werden immer weniger Ablagemöglichkeiten benötigt.
Natürlich könnten auch Preis- oder Designgründe zu dem Rückgang geführt haben.

b)

In der **Vollkostenrechnung** werden den Aktenschränken die vollen Kosten zugerechnet. In der Zuschlags-
kalkulation geschieht das, indem neben den Einzelkosten Zuschläge für Gemeinkosten in die Kalkulation
eingehen. In der **Teilkostenrechnung** werden den Aktenschränken nur die variablen Kosten zugerechnet.

c)

Die Selbstkosten auf Vollkostenbasis bilden die **langfristige** Preisuntergrenze. Damit wären alle Kosten
bezahlt (also z. B. auch kalkulatorische Abschreibungen auf höhere Wiederbeschaffungskosten oder Zinsen auf das Eigenkapital), aber betriebswirtschaftlich wäre noch kein Gewinn erzielt worden. Die Summe
aller variablen Kosten ergibt die **kurzfristige** Preisuntergrenze. Das geht natürlich nur vorübergehend
oder wenn die anderen Produkte so profitabel sind, dass sie die nicht gedeckten Kosten ausgleichen.

d)

Wenn ein Kunde bei den Office Experten keine Aktenschränke kaufen kann, wird er wahrscheinlich die
komplette Einrichtung bei einem Mitbewerber beziehen. Darüber hinaus erwirtschaften die Aktenschränke ja zumindest noch einen positiven Deckungsbeitrag und tragen damit zur Abdeckung der ohnehin
anfallenden fixen Kosten bei. Zumindest kurzfristig würde sich dann bei einer Herausnahme das Ergebnis
sogar noch weiter verschlechtern.

3.21 Verrechnung der Gemeinkosten

a)

aa)	Gesellschaftergeschäftsführergehalt von Jasmin Hauser	3
ab)	Kalkulatorische Abschreibung eines Gabelstaplers in der Warenannahme	1
ac)	Arbeitgeberanteil zur Sozialversicherung für einen Mitarbeiter der Endmontage	2
ad)	Reparaturkosten für eine Schleifmaschine	2
ae)	Kalkulatorische Zinsen auf das in einer Kreissäge gebundene Kapital	2
af)	Porto und Verpackung für an einen Kunden versendetes Ersatzteil	4
ag)	Mailingkosten für eine Sonderverkaufsaktion eines Auslaufmodells	4
ah)	Gehalt von Heinz Knecht aus der Personalabteilung	3

Bei der Beantwortung müssen Sie immer überlegen, in welchem bzw. für welchen Bereich die Kosten anfallen. Siehe auch Antwort auf Frage b). So gehen die Abschreibungen auf einen Computer im Einkauf in den Materialgemeinkostenzuschlag, die Abschreibung auf einen Computer zur Steuerung einer Drehbank aber in den Fertigungsgemeinkostenzuschlag ein.

b)

Materialbereich: Einkauf, Rohstofflager, Warenannahme

Fertigungsbereich: Vorfertigung, Endmontage, Qualitätskontrolle

Verwaltungsbereich: Geschäftsleitung, Buchhaltung, Personalabteilung

Vertriebsbereich: Werbeabteilung, Internetshop, Großkundenbetreuung

3.22 Zuschlagskalkulation

a) bis c)

		Vorwärtskalkulation		Rückwärtskalkulation			
		%	€	%	€		
	Materialeinzelkosten		3.200,00		**(c) 2.388,60**	100,0 %	
+	Materialgemeinkosten	7,5	240,00	7,5	179,14	7,5 %	
=	Materialkosten		3.440,00		2.567,74	107,5 %	
	Fertigungslohneinzelkosten		1.800,00		1.800,00		100,0 %
+	Fertigungsgemeinkosten	200	3.600,00	200	3.600,00		200,0 %
=	Fertigungskosten		5.400,00		5.400,00		300,0 %
=	Herstellkosten		8.840,00		7.967,74	100,0 %	
+	Verwaltungsgemeinkosten	9	795,60	9	717,10	9,0 %	
+	Vertriebsgemeinkosten	8	707,20	8	637,42	8,0 %	
=	**Selbstkosten**		**(a) 10.342,80**		9.322,26	117,0 %	100,0 %
+	Gewinn	6	620,57	**4**	372,89		4,0 %
=	Barverkaufspreis		10.963,37		9.695,15	97,0 %	104,0 %
+	Kundenskonto	3	339,07	3	299,85	3,0 %	
=	**Zielverkaufs-/Angebotspreis**		**(b) 11.302,44**		9.995,00	100,0 %	

Erläuterungen zur Vorwärtskalkulation:

– Bis zum Barverkaufspreis erfolgen alle Rechnungen „vom-Hundert" der jeweiligen Basis.
– Die Herstellkosten (8.840,00 €) ergeben sich als Summe aus Materialkosten (3.440,00 €) und Fertigungskosten (5.400,00 €).
– Der Kundenskonto ergibt sich durch folgende Rechnung:

$$\frac{10.963,37 \, € \times 3 \, \%}{97 \, \%} = 339,07 \, €$$

Erläuterungen zur Rückwärtskalkulation:

– Ab dem Barverkaufspreis erfolgen alle Rechnungen „auf-Hundert".
– Z. B. ergeben sich die maximalen Selbstkosten, indem aus dem Barverkaufspreis die 4 % Gewinn herausgerechnet werden.

$$\frac{9.695,15 \, € \times 100 \, \%}{104 \, \%} \quad oder \quad \frac{9.695,15 \, €}{1,04} = 9.322,26 \, €$$

– In den neuen Selbstkosten sind 9 % Verwaltungs- und 8 % Vertriebsgemeinkosten enthalten. Sie entsprechen also 117 % bezogen auf die Herstellkosten, die sich dann wie folgt ergeben:

$$\frac{9.322,26 \, € \times 100 \, \%}{117 \, \%} \quad oder \quad \frac{9.322,26 \, €}{1,17} = 7.967,74 \, €$$

– Zieht man von den 7.967,74 € Herstellkosten die unveränderten 5.400,00 € Fertigungskosten ab, so ergeben sich die maximalen 2.564,74 € Materialkosten.
– Aus diesen müssen dann die 7,5 % Materialgemeinkosten herausgerechnet werden und man erhält die maximalen Materialeinzelkosten. (Achtung: ein anderer auch richtiger Weg führt evtl. zu +/- 0,01 € bei Materialeinzel- und Materialgemeinkosten – so etwas kommt auch in den Kammerprüfungen vor, weswegen diese anderen Ergebnisse dann natürlich auch richtig sind)

$$\frac{2.567,74 \, € \times 100 \, \%}{107,5 \, \%} \quad oder \quad \frac{2.567,74 \, €}{1,075} = \mathbf{2.388,60 \, €}$$

3.23 Grund-, Zusatz- und Anderskosten

a)

Grundkosten, auch Zweckaufwand genannt, sind die Aufwendungen, die unverändert von der Finanzbuchhaltung in die Kosten- und Leistungsrechnung übernommen werden. Sie müssen also **betrieblich** bedingt, **periodenzugehörig** und **normal** sein. Das sind z. B. die Gehälter der Firmenmitarbeiter, Versicherungsaufwendungen, Rohstoffverbrauch oder die Büromaterialaufwendungen.

Zusatzkosten sind Werte, die im externen Rechnungswesen bei den Aufwendungen nicht abzugsfähig sind, die aber unbedingt **zusätzlich** in die Kosten einkalkuliert werden müssen. Insbesondere ist das der kalkulatorische Unternehmerlohn, der in Personengesellschaften als Entgelt für die mitarbeitenden Gesellschafter angesetzt wird. Auch dazu zählt die kalkulatorische Miete für betrieblich genutzte Räume im Privathaus des Firmeninhabers.

Bei **Anderskosten** handelt es sich um Positionen, die als Aufwand im externen Rechnungswesen wirken, die im internen Rechnungswesen allerdings mit **anderen** Werten angesetzt werden. Insbesondere sind das die kalkulatorischen Abschreibungen und Wagnisse.

b)

	Kalkulatorische Abschreibung	Bilanzielle Abschreibung
Dauer der Abschreibung	Tatsächlich erwartete Nutzungsdauer	Nutzungsdauer lt. AfA-Tabelle
Bemessungsgrundlage	Höhere Wiederbeschaffungswerte	Anschaffungs- oder Herstellungskosten
Verfahren	Verfahren ist frei wählbar	Nur gesetzlich zulässige Verfahren

c)

Die Office Experten GmbH ist eine Kapitalgesellschaft. Die Gesellschaftergeschäftsführerin Jasmin Hauser ist Angestellte bei der GmbH und damit werden die Aufwendungen für ihr Gehalt unverändert in die Kosten- und Leistungsrechnung übernommen. Es handelt sich also um Grundkosten oder Zweckaufwendungen.

3.24 Kosten und Leistungen – Aufwendungen und Erträge

a)

Aufwendungen und Erträge sind **alle** gewinnmindernden bzw. gewinnerhöhenden Vorgänge des Unternehmens unabhängig davon, ob sie mit dem Betriebszweck überhaupt etwas zu tun haben. Sie fließen in die **Gewinn- und Verlustrechnung** ein. Es handelt sich um das Begriffspaar des externen Rechnungswesens.

Kosten und Leistungen sind alle gewinnmindernden und gewinnerhöhenden Vorgänge, aber nur sofern sie **betrieblich** bedingt, **periodenzugehörig** und **normal** sind. Sie fließen in das **Betriebsergebnis** ein. Es handelt sich um das Begriffspaar des internen Rechnungswesens.

Fortsetzung auf der nächsten Seite.

3.24 Kosten und Leistungen – Aufwendungen und Erträge

Fortsetzung

b)

	Aufwen-dungen	Kosten	Erträge	Leistungen	Nichts zutreffend
Beiträge zur berufsgenossen-schaftlichen Unfallversicherung	x	x			
Die Beiträge sind betrieblich bedingt, periodenzugehörig und normal.					
Nettorechnungsbetrag für ver-kaufte Schreibtischlampen			x	x	
Umsatzerlöse sind betrieblich bedingt, periodenzugehörig und normal.					
Umsatzsteuer auf eine dem Kunden in Rechnung gestellte Montage					x
Bei der Umsatzsteuer handelt es sich um einen durchlaufenden Posten.					
Nicht versicherter Totalschaden (25.800,00 €) einer Fräse durch einen Kabelbrand	x				
Der Schaden hängt zwar mit der Erfüllung des Betriebszweckes zusammen, allerdings gehen außer-ordentliche Aufwendungen nicht direkt in die Kosten ein, sondern geglättet (normalisiert) über die kalkulatorischen Wagnisse.					
Gehalt der Gesellschafterge-schäftsführerin Jasmin Hauser	x	x			
Gehälter sind betrieblich bedingt, periodenzugehörig und normal.					
Zinsgutschrift für ein Darlehen, welches einem Mitarbeiter ge-währt wurde			x		
Die Erzielung von Zinserträgen gehört nicht zum Betriebszweck.					
Mieteinnahmen aus einer von den Office Experten nicht ge-nutzten Freifläche			x		
Die Erzielung von Mieterträgen gehört nicht zum Betriebszweck.					
Gewinn (7.000,00 €) aus dem Verkauf einer auf 0,00 € abge-schriebenen Hobelbank			x		
Es handelt sich um einen außerordentlichen (nicht normalen) Ertrag.					
Kauf einer neuen Hobelbank					x
Der Kauf eines Anlagegutes hat zunächst keine Auswirkung auf die Gewinn- und Verlustrechnung oder das Betriebsergebnis. Das ist erst bei den zukünftig vorzunehmenden Abschreibungen der Fall.					
Zinsen auf das Eigenkapital		x			
Nur Zinsen auf das Fremdkapital dürfen in die Gewinn- und Verlustrechnung eingehen. Aber natür-lich erwarten die Gesellschafter eine Verzinsung ihres Eigenkapitals. Deswegen müssen die Zinsen dafür neben den Fremdkapitalzinsen in die Kosten und damit in die Preise einkalkuliert werden.					

3.24 Kosten und Leistungen – Aufwendungen und Erträge

Fortsetzung

c)

Ins Betriebsergebnis gehen nur Kosten und Leistungen ein, also Vorgänge die betrieblich bedingt, periodenzugehörig und normal sind. Zu Abweichungen führen z. B.

– Erträge aus einem vermieteten Teil des Firmengebäudes (erhöhen die Gewinn- und Verlustrechnung, nicht aber das Betriebsergebnis)
– Kalkulatorische Abschreibungen auf höhere Wiederbeschaffungswerte einer Drehbank (mindern das Betriebsergebnis, nicht aber die Gewinn- und Verlustrechnung)
– Gewinne aus Wertpapieren, die zu rein spekulativen Zwecken gehalten werden (erhöhen die Gewinn- und Verlustrechnung, nicht aber das Betriebsergebnis)
– Nachzahlung von Kammerbeiträgen für die vergangenen zwei Jahre (vermindert die Gewinn- und Verlustrechnung, nicht aber das Betriebsergebnis)
– Rückzahlung von Versicherungsprämien aufgrund einer Fehleinstufung für das vergangene Jahr (erhöht die Gewinn- und Verlustrechnung, nicht aber das Betriebsergebnis)
– Verkauf einer auf 1,00 € Erinnerungswert abgeschriebenen Fräsmaschine für 6.000,00 € (erhöht die Gewinn- und Verlustrechnung, nicht aber das Betriebsergebnis)
– Kalkulatorische Wagnisse z. B. wegen Forderungsausfall (mindern das Betriebsergebnis, nicht aber die Gewinn- und Verlustrechnung)

3.25 Betriebsabrechnungsbogen

Gemein-kostenarten	Zahlen lt. KLR	Kostenbereiche				
		Allgemeiner Bereich	Material	Fertigung	Verwaltung	Vertrieb
....	....	....	....	....	....	....
....	....	....	....	....	....	....
Kalk. Abschrei-bungen	19.000,00	1.900,00	2.850,00	11.400,00	1.900,00	950,00
....	....	....	....	....	....	....
....	....	....	....	....	....	....
Summe Gemeinkosten	1.533.485,00	44.400,00	54.285,00	1.022.800,00	216.000,00	196.000,00
Umlage Allgemeiner Kostenbereich			7.400,00	22.200,00	7.400,00	7.400,00
Summe Gemeinkosten	1.533.485,00		61.685,00	1.045.000,00	223.400,00	203.400,00
Zuschlags-grundlagen			845.000,00	502.000,00	2.453.685,00	2.453.685,00
Ist-Zuschläge in %			7,30	208,17	9,10	8,29

3.25 Betriebsabrechnungsbogen

Fortsetzung

Erläuterungen:

– Die 44.400,00 € des Allgemeinen Bereiches (z. B. Empfang oder Telefonzentrale) müssen auf insgesamt 6 Teile aufgeteilt werden:

$$\frac{44.400,00\ €}{6} = 7.400,00\ €$$

Dementsprechend bekommen der Materialbereich 1 × 7.400,00 € = 7.400,00 €, der Fertigungsbereich 3 × 7.400,00 € = 22.200,00 € usw. zugerechnet.

– Die Summe der Gemeinkosten in Höhe von 1.533.485,00 € ist die Summe der auf die Kostenbereiche verteilten Gemeinkostenarten.

– Auch nach der Umlage des Allgemeinen Bereiches bleibt diese Zahl unverändert, denn die Kosten die vorher auf 5 Kostenbereiche verteilt waren, sind ja nunmehr nur auf 4 Kostenbereiche verteilt.

– Der Materialgemeinkostenzuschlagssatz ergibt sich aus:

$$\frac{\text{Materialgemeinkosten}}{\text{Materialeinzelkosten}} \times 100\ \% = \frac{61.685,00\ €}{845.000,00\ €} \times 100\ \% = 7,3\ \%$$

– Der Fertigungsgemeinkostenzuschlagssatz ergibt sich aus:

$$\frac{\text{Fertigungsgemeinkosten}}{\text{Fertigungslohneinzelkosten}} \times 100\ \% = \frac{1.045.000,00\ €}{502.000,00\ €} \times 100\ \% = 208,17\ \%$$

– Der Verwaltungsgemeinkostenzuschlagssatz ergibt sich aus:

$$\frac{\text{Verwaltungsgemeinkosten}}{\text{Herstellkosten des Umsatzes}} \times 100\ \% = \frac{223.400,00\ €}{2.453.685,00\ €} \times 100\ \% = 9,10\ \%$$

In den Prüfungen gibt es üblicherweise keine Bestandsveränderungen bei den Erzeugnissen. Deswegen sind die Herstellkosten des Umsatzes und die der Fertigung identisch. Sie ergeben sich als Summe aus allen Material- und Fertigungskosten:

845.000,00 € + 61.685,00 € + 502.000,00 € + 1.045.000,00 € = 2.453.685,00 €

– Der Vertriebsgemeinkostenzuschlagssatz ergibt sich aus:

$$\frac{\text{Vertriebsgemeinkosten}}{\text{Herstellkosten (des Umsatzes)}} \times 100\ \% = \frac{203.400,00\ €}{2.453.685,00\ €} \times 100\ \% = 8,29\ \%$$

3.26 Kostenüber- und unterdeckungen

a)

Normalgemeinkostenzuschlagssätze sind durchschnittliche Zuschlagssätze mehrerer vergangener Perioden.

b)

Gemein-kostenarten	Zahlen lt. KLR	Kostenbereiche				
		Allgemein	Material	Fertigung	Verwaltung	Vertrieb
....	....	....	....	....	....	....
Ist-Gemeinkosten	1.533.485,00	44.400,00	54.285,00	1.022.800,00	216.000,00	196.000,00
Umlage Allgemeiner Kostenbereich			7.400,00	22.200,00	7.400,00	7.400,00
Ist-Gemeinkosten	1.533.485,00		61.685,00	1.045.000,00	223.400,00	203.400,00
Zuschlags-grundlagen			845.000,00	502.000,00	2.453.685,00	2.453.685,00
Ist-Zuschläge in %			7,30	208,17	9,10	8,29
Normal-Zuschläge in %			7,50	200,00	9,00	8,00
Zuschlags-grundlagen			845.000,00	502.000,00	2.414.375,00	2.414.375,00
Normal-Gemeinkosten	1.477.819,00		63.375,00	1.004.000,00	217.294,00	193.150,00
Kostenüber- und unterdeckungen			(+) 1.690,00	(-) 41.000,00	(-) 6.106,00	(-) 10.250,00
Kostenüber- oder unterdeckung insgesamt			(-) 55.666,00			

Erläuterungen:

– In der Normalkostenrechnung sind die Zuschlagsgrundlagen für den Material- und Fertigungsbereich identisch mit denen der Istkostenrechnung. Die Herstellkosten des Umsatzes auf Normalbasis müssen allerdings neu berechnet werden, da die Materialeinzel- und Fertigungslohneinzelkosten ja mangels besseren Wissens mit den „falschen" Normal-Zuschlägen versehen worden sind:

845.000,00 € + 63.375,00 € + 502.000,00 € + 1.004.000,00 € = 2.414.375,00 €

– Die Kostenüber- und -unterdeckungen ergeben sich, indem man von den verrechneten Normal-Gemeinkosten die Ist-Gemeinkosten abzieht. Dann hat man auch direkt das richtige Vorzeichen. Am Beispiel des Materialbereiches:

63.375,00 € - 61.685,00 € = (+) 1.690,00 €

– Die Summe der Normal-Gemeinkosten ergibt sich wie folgt:

63.375,00 € + 1.004.000,00 € + 217.294,00 € + 193.150,00 € = 1.477.819,00 €

3.26 Kostenüber- und unterdeckungen

Fortsetzung

c)

- **Preisabweichungen**. Höhere Strompreise oder Gehaltserhöhungen von Mitarbeitern in der Verwaltung führen zu höheren Gemeinkosten in den Kostenstellen und damit zu höheren Zuschlagssätzen.

- **Beschäftigungsabweichungen**. Unvorhergesehene Erhöhungen der Produktion wegen guter Auftragslage führen zu erhöhtem Energieverbrauch und Nacht- oder Überstundenzuschlägen und damit zu evtl. steigenden Zuschlagssätzen. Ein Rückgang der Beschäftigung führt leider nicht zwangsweise zu sinkenden Zuschlagssätzen, denn fixe Gemeinkosten wie Miete fallen trotzdem weiter an.

- **Verbrauchsabweichungen**. Wenn geplante Fertigungszeiten (und damit Fertigungslöhne) oder der vorgesehene Materialeinsatz über- oder unterschritten wird, führt dies zu abweichenden Zuschlägen.

3.27 Ergebnistabelle

In die Betriebsergebnisrechnung gehören nur Kosten und Leistungen, also die Positionen die betrieblich bedingt, periodenzugehörig **und** normal sind. Deswegen fließen die Zinserträge sowie die Nebenerlöse aus Vermietung und Verpachtung nebst den dazugehörigen Fremdinstandhaltungen und Grundsteuern in die unternehmensbezogenen Abgrenzungen.

Von den 17.100,00 € bilanziellen Abschreibungen sind 900,00 € vermutlich Abschreibungen auf den vermieteten Lagerraum, 16.200,00 € betreffen den eigentlichen Betriebszweck der Office Experten. Wenn hier 19.000,00 € in die Kosten eingehen, so handelt es sich um kalkulatorische Abschreibungen auf Basis der höheren Wiederbeschaffungskosten, was im externen Rechnungswesen, also der Gewinn- und Verlustrechnung, nicht zulässig ist.

a)

Das **Gesamtergebnis** in Höhe von **270.233,00 €** ergibt sich durch Gegenüberstellung aller Aufwendungen und Erträge in der Gewinn- und Verlustrechnung.

b)

Das **Neutrale Ergebnis** in Höhe von **6.232,00 €** ist die Summe aus den unternehmensbezogenen Abgrenzungen und den kostenrechnerischen Korrekturen.

c)

Das **Betriebsergebnis** in Höhe von **264.001,00 €** ergibt sich durch Gegenüberstellung von Kosten und Leistungen.

Siehe ausgefüllte Tabelle auf der folgenden Seite.

3.27 Ergebnistabelle

Ergebnistabelle

Kontenbezeichnung	Rechnungskreis I – Gesamtergebnisrechnung		Rechnungskreis II – Abgrenzungsrechnung				Betriebsergebnisrechnung	
			Unternehmensbezogene Abgrenzungen		Kostenrechnerische Korrekturen			
	Aufwendungen	Erträge	Aufwendungen	Erträge	Betriebliche Aufwendungen lt. GuV	Verrechnete Kosten	Kosten	Leistungen
Umsatzerlöse eigene Erzeugnisse		2.463.593,00						2.463.593,00
Umsatzerlöse Handelswaren		401.066,00						401.066,00
Nebenerlöse aus Vermietung und Verpachtung		4.700,00		4.700,00				
Zinserträge		757,00		757,00				
Aufwendungen für Handelswaren	187.313,00						187.313,00	
Aufwendungen für Rohstoffe	407.360,00						407.360,00	
Löhne	472.500,00						472.500,00	
Gehälter	794.022,00						794.022,00	
Fremdinstandhaltung	14.703,00		1.016,00				13.687,00	
Grundsteuer	2.703,00		109,00				2.594,00	
Abschreibungen*	17.100,00		900,00		16.200,00			
Alle übrigen Aufwendungen	704.182,00						704.182,00	
Kalk. Kosten:								
Kalk. Abschreibungen*						19.000,00	19.000,00	
Summe I	2.599.883,00	2.870.116,00	2.025,00	5.457,00	16.200,00	19.000,00	2.600.658,00	2.864.659,00
Ergebnis	270.233,00		3.432,00		2.800,00		264.001,00	
Summe II	2.870.116,00	2.870.116,00	5.457,00	5.457,00	19.000,00	19.000,00	2.864.659,00	2.864.659,00
	Gesamtergebnis 270.233,00		Neutrales Ergebnis 6.232,00				Betriebsergebnis 264.001,00	

* **Kalkulatorische und bilanzielle Werte** werden in der Prüfung evtl. in getrennten Zeilen aufgeführt. Das Ergebnis ändert sich dadurch nicht.
In einer Personengesellschaft oder Einzelunternehmung gäbe es unter den kalkulatorischen Abschreibungen eine zusätzliche Zeile für den kalkulatorischen Unternehmerlohn.

3.28 Zahlungswege

a) **SEPA-Lastschriftverfahren.** Für Zahlungen, die regelmäßig in unterschiedlicher Höhe anfallen, ist es sinnvoll, den Zahlungsempfänger zu ermächtigen, den jeweiligen Forderungsbetrag einzuziehen. Diese Form der Lastschrift kann innerhalb von acht Wochen von den Office Experten zurückgezogen werden und ist damit risikolos. `3`

b) **Dauerauftrag.** Bei regelmäßig und in gleicher Höhe wiederkehrenden Zahlungen, können die Office Experten der Commerzbank oder Postbank den Auftrag erteilen, diesen Betrag z. B. jeweils zum 3. eines Monats an den Zahlungsempfänger zu überweisen. `2`

c) **Überweisung.** Sie ist sinnvoll insbesondere bei Zahlungen, die nur einmalig vorgenommen werden. `4`

d) **Barzahlung.** Kleine Beträge beim Kauf vor Ort werden am einfachsten bar bezahlt. `5`

e) **Kreditkarte oder Barzahlung.** In beiden Fällen ist die Schuld sofort getilgt. `1` oder `5`

3.29 Zahlungen im Onlinehandel

Vorauszahlung (Vorkasse). Das ist für die Office Experten eine völlig risikolose und vor allem auch preiswerte Variante, die den Kunden vielleicht durch einen Nachlass schmackhaft gemacht werden kann. Die Lieferung erfolgt erst nach tatsächlichem Zahlungseingang. Nutzt der Kunde die von immer mehr Banken angebotenen Echtzeitüberweisungen, gibt es auch keine großen zeitlichen Verzögerungen in der Auftragsabwicklung.

Kreditkarte. Auch hier haben die Office Experten sofort eine Garantie für die Bezahlung, werden allerdings in der Regel mit einer umsatzabhängigen Provision und einer Bearbeitungsgebühr von der Kreditkartenorganisation belastet.

SEPA-Lastschriftverfahren. Hier werden die Office Experten ermächtigt, den jeweiligen Forderungsbetrag einzuziehen. Sie müssen also nicht darauf warten, dass der Kunde bezahlt, sondern können den ausstehenden Betrag selbst bei Fälligkeit einziehen. Nachteilig ist, dass diese Form der Lastschrift vom Kunden innerhalb von acht Wochen rückgängig gemacht werden kann.

Auf Rechnung. Für den Kunden wohl die angenehmste Variante, da er die Waren erst nach Erhalt und Prüfung bezahlen muss. Für die Office Experten ist dies sicherlich nur bei niedrigen Auftragswerten oder bei zuverlässigen Bestandskunden sinnvoll.

Online-Bezahlsysteme (z. B. „Sofort", „paydirekt", „PayPal", „Wero").
Der Kunde richtet ein Benutzerkonto beim Anbieter eines Online-Bezahlsystems ein und hinterlegt dort seine Bankdaten. Beim Bestellvorgang erhalten die Office Experten dann je nach Anbieter entweder eine Transaktionsbestätigung, die den Geldeingang versichert oder sie erhalten das Geld sofort. Es handelt sich also um eine verkappte Vorauszahlung. Für diesen Dienst müssen die Office Experten i. d. R. eine umsatzabhängige Provision und eine Bearbeitungsgebühr an die Anbieter der Bezahlsysteme entrichten. Vorteil für den Käufer ist, dass viele der Bezahlsysteme einen sog. Käuferschutz bieten, falls die bestellte Ware nicht oder beschädigt ankommt.

3.30 Zinsrechnung

a)

Eingesetzt in die kaufmännische Zinsformel

$$Z = \frac{K \times p \times t}{100 \times 360}$$

ergibt sich

$$Z = \frac{45.000,00 \times 4,5 \times 74}{100 \times 360} = \textbf{416,25 [€]}$$

€				,	
4	1	6		2	5

Die 74 Tage ergeben sich:

Januar	16.1. bis 31. (30.)	14 Tage
Februar		30 Tage
März		30 Tage
Gesamt		74 Tage

b)

Da am Ende des 1., 2. und 3. Quartals schon jeweils 3.000,00 € getilgt wurden beträgt die Darlehensschuld im 4. Quartal noch 36.000,00 €. Zu verzinsen sind volle drei Monate also 3 × 30 Tage.

$$Z = \frac{36.000,00 \times 4,5 \times 90}{100 \times 360} = \textbf{405,00 [€]}$$

€				,	
4	0	5		0	0

c)

45.000,00 € – 4 × 3.000,00 € = **33.000,00 €**

€					,	
3	3	0	0	0	0	0

3.31 Zinsrechnung

a)

In den 21.527,10 € sind der ursprüngliche Rechnungsbetrag (100 %) und 6 % Zinsen für 30 Tage (0,5 %) enthalten. Das heißt die 21.527,10 € entsprechen 100,5 %. Der ursprüngliche Rechnungsbetrag beträgt also

$$\frac{21.527,10\ € \times 100\ \%}{100,5\ \%} \quad oder \quad \frac{21.527,10\ €}{1,005} = \mathbf{21.420,00\ €}$$

€				,		
2	1	4	2	0	0	0

b)

Die Zinsformel

$$Z = \frac{K \times p \times t}{100 \times 360}$$

muss nach dem Zinssatz p aufgelöst werden.

$$p = \frac{Z \times 100 \times 360}{K \times t} = \frac{73,19 \times 100 \times 360}{31.000,00 \times 17} = \mathbf{5,0\ [\%]}$$

%	,
5	0

c)

Dazu muss zunächst einmal die Kreditdauer ausgerechnet werden, um die ermittelten Tage dann vom 15.05. „abzuziehen". Die Zinsformel

$$Z = \frac{K \times p \times t}{100 \times 360}$$

muss also nach den Tagen t aufgelöst werden.

$$t = \frac{Z \times 100 \times 360}{K \times p} = \frac{56,00 \times 100 \times 360}{6.000,00 \times 3,5} = 96\ [Tage]$$

15.05. abzgl. 90 Tage → 15.02.
15.02. abzgl. 6 Tage → **09.02.**

TT		MM	
0	9	0	2

Notizen

4 Stellung, Rechtsform und Organisationsstruktur

Notizen

4.1 Ziele des Betriebes

a) In **ökologischen Zielen** werden die umweltpolitischen Zielvorstellungen des Unternehmens wie Schonung natürlicher Ressourcen, Einsatz energiesparender Einrichtungen, Einsatz umweltfreundlicher Produktions- und Verpackungsverfahren etc. festgelegt. `3`

b) In **sozialen Zielen** werden die Zielvorstellungen im Hinblick auf Zufriedenheit und Motivation der Mitarbeiter wie humane Arbeitsbedingungen, Gewinnbeteiligung, gerechte Entlohnung etc. festgelegt. `4`

c) **Soziales Ziel** – siehe Erläuterung zu b) `4`

d) In **ökonomischen Zielen** werden die wirtschaftlichen Zielvorgaben wie Gewinnmaximierung, Erreichen einer bestimmten Eigenkapitalrentabilität, Kostensenkung, Liquiditätssicherung etc. festgelegt. `2`

e) In **sachlichen Zielen** ist festgelegt, welches Produkt- und Leistungsspektrum am Markt angeboten werden soll, z. B. Herstellung und Vertrieb von Fahrrädern, Beratung von kriselnden Unternehmen des Handwerkes oder Konzeption und Umsetzung maßgeschneiderter IT-Lösungen. `1`

f) **Ökonomisches Ziel** – siehe Erläuterung zu d) `2`

Die Abgrenzungen sind fließend, so sind vordergründig soziale oder ökologische Ziele meist eng verbunden mit ökonomischen Zielen.

4.2 Zielbeziehungen

a) **Komplementäre Ziele** sind sich ergänzende Ziele wie z. B. Senkung der Kapitalbindungskosten und Steigerung des Gewinnes oder Senkung der Stückkosten und Erhöhung der Kapazitätsauslastung. Die Verfolgung eines Zieles unterstützt gleichzeitig die Erreichung eines oder mehrerer anderer Ziele. `1`

b) **Indifferente Ziele** beeinflussen sich gegenseitig nicht wie z. B. Erhöhung des Anteiles genormter Teile bei gleichzeitiger Einführung gleitender Arbeitszeit in der Fertigung oder Einführung eines betrieblichen Vorschlagswesens bei gleichzeitiger Verschlankung der Organisationsstruktur. Die Ziele können unabhängig voneinander verfolgt werden. `3`

c) **Konkurrierende Ziele** können nur schwer oder gar nicht gleichzeitig erreicht werden wie z. B. Erhöhung des Servicegrades bei gleichzeitiger Senkung des Lagerbestandes oder Ausweitung des Marktanteiles bei gleichzeitiger Reduzierung des Werbebudgets. Die Verfolgung des einen Zieles führt automatisch zur Entfernung von der Erreichung eines anderen Zieles. `2`

d) **Komplementäres Ziel** – siehe Erläuterung zu a) `1`

Antinome Ziele (nicht Gegenstand dieser Aufgabe, da sie oft mit konkurrierenden Zielen gleichgesetzt werden) sind Ziele, die sich gegenseitig völlig ausschließen. So sind z. B. eine Erhöhung des Bekanntheitsgrades des Unternehmens bei gleichzeitiger Verringerung des PR-Etats oder die Eröffnung einer neuen Filiale bei gleichzeitigem Personalabbau nur schwer vorstellbar.

4.3 Betriebswirtschaftliche Funktionen

Die betriebswirtschaftlichen Grundfunktionen Beschaffung, Produktion und Absatz werden ergänzt durch Funktionen wie Lagerwirtschaft, Finanzierung, Personalwirtschaft, Kommunikation und Leitung.

a) Aufgabe der **Beschaffung** ist es, die für die Produktion notwendigen Materialien in der richtigen Menge, zum richtigen Zeitpunkt, in der gewünschten Qualität am richtigen Ort bereitzustellen. Dazu gehört auch die Terminüberwachung. `2`

b) Aufgabe der **Produktion** ist es, marktgerechte Produkte zu entwickeln und kostengünstig zu produzieren. Dazu gehört als letzter Schritt eine Qualitätskontrolle, um Beschwerden von Kunden möglichst zu vermeiden. Im Versand wird nur noch auf optische Mängel überprüft und ob die richtigen Artikel in der vom Kunden bestellten Menge verschickt werden. `5`

c) **Beschaffung** – siehe Erläuterung zu a) `2`

d) Der **Absatz** hat die Aufgabe, die Produkte, Güter und Dienstleistungen zu vermarkten. Dazu gehört neben Produkt- und Sortiments- auch die Preisgestaltung. `1`

e) Die **Finanzierung** hat die Aufgabe, das notwendige Kapital zu beschaffen, den Zahlungsverkehr vorzunehmen und die Liquidität zu überwachen. `4`

f) **Produktion** – siehe Erläuterung zu b) `5`

g) Die **Leitung** hat die Aufgabe, alle Funktionen des Betriebes optimal zu kombinieren. Dazu gehört auch, die notwendige Organisationsstruktur zu schaffen. `3`

4.4 Betriebswirtschaftliche Produktionsfaktoren

Zu den Produktionsfaktoren zählen die Elementarfaktoren oder auch originären Faktoren Betriebsmittel, Werkstoffe und ausführende Arbeit sowie der dispositive oder auch derivative Faktor.

a) Zur **dispositiven Arbeit** gehören alle Arbeiten, bei denen es um die optimale Kombination der Elementarfaktoren geht. Das sind typischerweise Funktionen wie Planung, Organisation und Kontrolle der Arbeiten, die üblicherweise von der Geschäftsleitung wahrgenommen werden. Die Abgrenzung zur ausführenden Arbeit ist allerdings fließend. `4`

b) Zu den **Werkstoffen** gehören die Positionen Roh-, Hilfs- und Betriebsstoffe sowie Vorprodukte und Fremdbauteile. `2`

c) **Dispositive Arbeit** – siehe Erläuterung zu a) `4`

d) Zu den **Betriebsmitteln** gehören alle Positionen des Anlagevermögens wie Grundstücke, Gebäude, Fuhrpark, Betriebs- und Geschäftsausstattung, Maschinen und Werkzeuge. `1`

e) Zur **ausführenden Arbeit** gehören schwerpunktmäßig Arbeiten im Bereich Produktion, Lagerhaltung und Versand. `3`

f) **Betriebsmittel** – siehe Erläuterung zu d) `1`

4.5 Erweiterter Wirtschaftskreislauf

a) Die Auszubildende gehört zu den privaten Haushalten, die einen großen Teil ihres Einkommens für konsumtive Zwecke ausgeben. | 1

b) Der Staat unterstützt private Haushalte unter anderem mit Kinder-, Arbeitslosen- oder Elterngeld etc. sofern ein gesamtgesellschaftliches Interesse besteht. | 8

c) Der Bund tätigt, wie hier im Bereich der Infrastruktur, umfangreiche Investitionen, die im öffentlichen Interesse sind. | 10

d) Es handelt sich um den Export einer Dienstleistung nach Schweden. | 12

e) Neben der Tilgung gehören auch die für den Kredit zu zahlenden Zinsen zu den Zahlungen von den Haushalten an die Banken. | 4

f) Banken stellen den Unternehmen Kredite für Investitionen zur Verfügung. | 6

g) Beim Großteil der deutschen Importe handelt es sich um Rohstoffe. | 11

h) Für die von den Banken eingeräumten Kredite müssen die Unternehmen Zinsen bezahlen. | 5

i) Lohn- und Gehaltszahlungen von Unternehmen an die Mitarbeiter stellen den größten Teil der Geldflüsse von den Unternehmen an die Haushalte dar. | 2

j) Sollten die von der GmbH bereits monatlich abgeführten Steuerabzüge sich als zu gering herausstellen, muss die Geschäftsführerin die fällige Nachzahlung privat vornehmen. | 7

k) Gewerbesteuer, Versicherungssteuer, Körperschaftssteuer, Grundsteuer, Grunderwerbsteuer etc. werden neben der Umsatzsteuer von den Unternehmen an den Staat abgeführt. | 9

l) Neben der Zahlung von Tagesgeldzinsen an einen Privatkunden fallen auch Kreditauszahlungen oder das Abheben von Sparguthaben unter die Zahlungen von Banken an Haushalte. | 3

4.6 Unternehmensformen

Teil I

a) Offene Handelsgesellschaft = **Personengesellschaft**	1
b) Kommanditgesellschaft = **Personengesellschaft**	1
c) Aktiengesellschaft = **Kapitalgesellschaft**	2
d) Die GmbH & Co. KG ist von der Grundstruktur her eine Kommanditgesellschaft und gehört damit zu den **Personengesellschaften**. Der Komplementär ist in diesem Fall eine GmbH.	1
e) Gesellschaft mit beschränkter Haftung = **Kapitalgesellschaft**	2
f) Gesellschaft bürgerlichen Rechtes = **Personengesellschaft**	1
g) Bei der Unternehmergesellschaft handelt es sich um eine „kleine GmbH", also um eine **Kapitalgesellschaft**.	2
h) Eingetragener Kaufmann = **Personengesellschaft**	1

Teil II

a) Der Gewinn unterliegt der Einkommensteuerpflicht der Gesellschafter.	1
b) Die Geschäftsführer sind Angestellte des Unternehmens.	2
c) Es handelt sich um eine juristische Person.	2
d) Mindestens ein Gesellschafter haftet mit seinem gesamten Privatvermögen.	1
e) Die Eintragung erfolgt in der Abteilung des B des Handelsregisters.	2

Fortsetzung auf der nächsten Seite

4.6 Unternehmensformen

Die wesentlichen Unterschiede sind:

	Personengesellschaften	Kapitalgesellschaften
Haftung	Gesellschaftsvermögen und Privatvermögen mindestens eines Gesellschafters	Gesellschaftsvermögen
Besteuerung des Gewinnes	einkommensteuerpflichtig*	körperschaftssteuerpflichtig
Handelsregister	Abteilung A	Abteilung B
Rechtspersönlichkeit	natürliche Person	juristische Person
Vertretung und Geschäftsführung	in der Regel durch die vollhaftenden Gesellschafter	durch angestellte Geschäftsführer
Beispiele	Eingetragener Kaufmann, Offene Handelsgesellschaft, Kommanditgesellschaft, Gesellschaft bürgerlichen Rechtes, Stille Gesellschaft	Gesellschaft mit beschränkter Haftung, Aktiengesellschaft, Unternehmergesellschaft

* Der Gewinn von Personengesellschaften unterliegt der Einkommensteuer der Gesellschafter. Seit Anfang 2022 haben Personengesellschaften wie OHG und KG, nicht aber Einzelunternehmen und BGB-Gesellschaften, ein Optionsrecht, steuerlich wie eine Kapitalgesellschaft behandelt zu werden. Sie unterliegen dann der Körperschaftssteuer.

4.7 Gesellschaftsformen I

Lösung **1.** ist richtig (Offene Handelsgesellschaft)   1

Zu 2., 3. und 5.: Es handelt sich um Kapitalgesellschaften, in denen es keine Vollhafter gibt und deren Gewinn der Körperschaftssteuer unterliegt.

Zu 4.: In einer Kommanditgesellschaft dürfte es nicht nur Vollhafter geben, sondern auch mindestens einen Teilhafter.

Offene Handelsgesellschaft	
Gesellschafter	mindestens zwei
Mindestkapital	nicht erforderlich
Haftung	Gesellschaftsvermögen und Privatvermögen der Gesellschafter
Besteuerung des Gewinns	Einkommensteuer der Gesellschafter (siehe Hinweis bei 4.6)
Gewinn-/Verlustbeteiligung	nach Vereinbarung, sonst nach Köpfen
Rechtspersönlichkeit	natürliche Person
Vertretung und Geschäftsführung	in der Regel durch die Gesellschafter

4.8 Gesellschaftsformen II

Lösung **3.** ist richtig (Aktiengesellschaft)

Zu 1. und **4.:** Es handelt sich um Personengesellschaften, bei der es immer mindestens einen Vollhafter gibt, weswegen ein Mindestkapital nicht erforderlich ist.

Zu 2. und **5.:** Das Stammkapital (nicht Grundkapital) der GmbH muss mindestens 25.000 €, das der UG mindestens 1 € betragen.

Aktiengesellschaft	
Gesellschafter	mindestens einer
Mindestkapital	50.000 € Grundkapital
Haftung	Gesellschaftsvermögen
Besteuerung des Gewinns	Körperschaftssteuer
Gewinnbeteiligung	Anteil am Gewinn (Dividende) in Abhängigkeit von der Anzahl der Aktien
Verlustbeteiligung	keine
Rechtspersönlichkeit	juristische Person
Vertretung und Geschäftsführung	durch den Vorstand

4.9 Gesellschaftsformen III

Lösung **4.** ist richtig (Kommanditgesellschaft)

Zu 1.: Bei einer OHG haften die Gesellschafter komplett mit ihrem Privatvermögen.

Zu 2., 3. und 5.: Es handelt sich um Kapitalgesellschaften, bei der es keine Vollhafter gibt. Darüber hinaus ist jeweils ein Mindestkapital erforderlich.

Kommanditgesellschaft	
Gesellschafter	mindestens zwei – Komplementär und Kommanditist
Mindestkapital	nicht erforderlich
Haftung	Gesellschaftsvermögen und Privatvermögen, beim Kommanditisten nur soweit die Einzahlung der Einlage noch nicht erfolgt ist.
Besteuerung des Gewinns	Einkommensteuer der Gesellschafter (siehe Hinweis bei 4.06)
Gewinn-/Verlustbeteiligung	nach Vereinbarung, sonst nach Köpfen
Rechtspersönlichkeit	natürliche Person
Vertretung und Geschäftsführung	in der Regel durch den Komplementär

4.10 Gesellschaftsformen IV

Lösung **5.** ist richtig (Unternehmergesellschaft)

5

Zu 1. und **4.:** Bei Personengesellschaften gibt es kein Mindestkapital

Zu 2. und **3.:** Bei einer Gesellschaft mit beschränkter Haftung wären mindestens 25.000 € bei einer Aktiengesellschaft mindestens 50.000 € erforderlich.

Unternehmergesellschaft	
Gesellschafter	mindestens einer
Mindestkapital	1 € Stammkapital
Haftung	Gesellschaftsvermögen
Besteuerung des Gewinns	Körperschaftssteuer
Gewinnbeteiligung	Anteil am Gewinn im Verhältnis der Geschäftsanteile. Bis zum Erreichen des Stammkapitales von 25.000 € muss ein Viertel des Jahresüberschusses in die gesetzlichen Rücklagen eingestellt werden.
Rechtspersönlichkeit	juristische Person
Vertretung und Geschäftsführung	durch den angestellten Geschäftsführer, meist Gesellschaftergeschäftsführer

4.11 Gesellschaftsformen V

Lösung **2.** ist richtig (Gesellschaft mit beschränkter Haftung)

2

Zu 1. und **4.:** Bei Personengesellschaften gibt es kein Mindestkapital

Zu 3. und **5.:** Bei einer Aktiengesellschaft wären mindestens 50.000 € erforderlich, bei einer Unternehmergesellschaft nur 1 €.

Gesellschaft mit beschränkter Haftung	
Gesellschafter	mindestens einer
Mindestkapital	25.000 € Stammkapital
Haftung	Gesellschaftsvermögen
Besteuerung des Gewinns	Körperschaftssteuer
Gewinnbeteiligung	Anteil am Gewinn im Verhältnis der Geschäftsanteile
Verlustbeteiligung	keine
Rechtspersönlichkeit	juristische Person
Vertretung und Geschäftsführung	durch den angestellten Geschäftsführer, meist Gesellschaftergeschäftsführer

4.12 Gewinnverteilung OHG

Die Gesellschafter erhalten zunächst jeweils 4 % auf ihren Kapitalanteil. Der Rest wird gleichmäßig nach Köpfen verteilt.

	Kapitaleinlage	Kapitalverzinsung (4 %)	Kopfanteil	Gesamtanteil
Gesellschafter A	200.000 €	a) **8.000 €**	60.000 €	68.000 €
Gesellschafter B	500.000 €	20.000 €	60.000 €	80.000 €
Gesellschafter C	400.000 €	16.000 €	60.000 €	b) **76.000 €**
		44.000 €	180.000 €	224.000 €

224.000 €	Gesamtgewinn
− 44.000 €	Verzinsungsanteil
= 180.000 €	Restgewinn

a) | | € | | |
|---|---|---|---|
| 8 | 0 | 0 | 0 |

b) | | € | | |
|---|---|---|---|
| 7 | 6 | 0 | 0 | 0 |

$$\frac{180.000\ €}{3} = 60.000\ € \text{ Kopfanteil}$$

4.13 Gewinnverteilung KG

Die Gesellschafter erhalten zunächst jeweils 4 % auf ihren Kapitalanteil. Der Rest wird wie im Gesellschaftsvertrag vorgesehen nach gewichteten Anteilen verteilt.

	Kapitaleinlage	Kapitalverzinsung (4 %)	Anteile am Restgewinn	Anteil am Restgewinn	Gesamtanteil
Komplementär A	100.000 €	4.000 €	4	a) **72.000 €**	76.000 €
Komplementär B	200.000 €	b) **8.000 €**	4	72.000 €	80.000 €
Kommanditist C	400.000 €	16.000 €	1	18.000 €	c) **34.000 €**
Kommanditist D	90.000 €	3.600 €	1	18.000 €	21.600 €
Kommanditist E	160.000 €	6.400 €	1	18.000 €	24.400 €
		38.000 €	11	198.000 €	236.000 €

236.000 €	Gesamtgewinn
− 38.000 €	Verzinsungsanteil
= 198.000 €	Restgewinn

a) | | € | | |
|---|---|---|---|
| 7 | 2 | 0 | 0 | 0 |

b) | | € | | |
|---|---|---|---|
| 8 | 0 | 0 | 0 |

c) | | € | | |
|---|---|---|---|
| 3 | 4 | 0 | 0 | 0 |

$$\frac{198.000\ €}{11} = 18.000\ € \text{ Anteil}$$

⇨ Komplementär A: 4 x 18.000 € = 72.000 €

4.14 Finanzierungsarten

Finanzierung nach der rechtlichen Zuordnung der Mittel			
Eigenfinanzierung			**Fremdfinanzierung**
Finanzierung aus Abschreibungen	Selbst-finanzierung	Beteiligungs-finanzierung	Kreditfinanzierung
Innenfinanzierung		**Außenfinanzierung**	
Finanzierung nach der Herkunft der Mittel			

a)	4
b)	2
c)	1
d)	3

Nach der Rechtsstellung des Kapitalgebers zum Unternehmen unterscheidet man, ob die Finanzierung von Unternehmenseignern (Eigenfinanzierung) oder Unternehmensfremden (Fremdfinanzierung) erfolgt. Nach der Herkunft der Mittel unterscheidet man, ob die Finanzierung über den Umsatzprozess (Innen-finanzierung) oder von außen erfolgt (Außenfinanzierung).

4.15 Einlagenfinanzierung

Richtig sind die Lösungen **2.** und **3.**

Bei einer Einlagen- oder Beteiligungsfinanzierung bringen vorhandene oder neue Gesellschafter weiteres Eigenkapital von außen ins Unternehmen ein.

Zu 1.: Es handelt sich um eine Kreditfinanzierung.

Zu 4.: Es handelt sich um eine Selbstfinanzierung.

Zu 5.: Es handelt sich um eine Finanzierung aus Abschreibungen.

4.16 Leasing

Richtig sind die Lösungen **1.** und **4.**

Zu 1.: Bei einem Kauf hätte die Unternehmung einen einmaligen sehr großen Liquiditätsbedarf in Höhe der Anschaffungskosten.

Zu 4.: Aussage ist richtig.

Zu 2.: Im Einzelfall mag das zutreffen. In der Regel sind die Kosten jedoch höher, da der Leasinggeber sein eingesetztes Kapital in kurzer Zeit amortisieren will, er eine Risikoprämie einkalkuliert und natürlich einen Gewinn erzielen möchte.

Zu 3.: Während der Grundmietzeit ist eine Kündigung normalerweise nicht möglich oder wirtschaftlich sehr nachteilig.

Zu 5.: Mit Ablauf der Grundmietzeit endet das Vertragsverhältnis mit dem Leasinggeber. Der nimmt das Auto zurück. In vielen Fällen besteht allerdings die Möglichkeit, dass der Leasingnehmer das Auto anschließend kauft.

4.17 Kreditarten

a) Der Holzgroßhändler gewährt einen **Lieferantenkredit**. Eine typische Zahlungsbedingung lautet „zahlbar innerhalb von 10 Tagen unter Abzug von 3 % Skonto oder nach spätestens 30 Tagen ohne Abzug". Da die Ausnutzung des vollen Zahlungszieles umgerechnet einem Jahreszinssatz von ca. 54 % entspricht, ist das einer der teuersten Kredite.

`2`

b) Es handelt sich um einen Dispositionskredit, der je nach Bank und Bonität des Kreditnehmers zwischen ca. 8 % und 13 % liegt. Damit lohnt es sich fast immer, einen möglichen Skontoabzug zur Not auch über einen **Kontokorrentkredit** vorzunehmen.

`3`

c) Ein Darlehen ist in der Regel deutlich günstiger als ein Kontokorrentkredit und eignet sich damit zur langfristigen Finanzierung von Großinvestitionen. Vorteil des **Annuitätendarlehens** ist die konstante Liquiditätsbelastung.

`1`

d) Ein **Darlehen** ist in der Regel deutlich günstiger als ein Kontokorrentkredit und eignet sich damit zur langfristigen Finanzierung von Großinvestitionen.

`4`

e) Beim **Fälligkeitsdarlehen** wird der komplette Betrag bei Fälligkeit zurückgezahlt. Nachteilig ist die damit verbundene einmalige sehr hohe Liquiditätsbelastung. Vorteilhaft sind die im Vergleich zu Annuitäten- und Abzahlungsdarlehen geringen laufenden Zinszahlungen während der Darlehenslaufzeit.

`5`

4.18 Factoring

Lösung **1.** ist richtig.

`1`

Der Verkauf der Forderungen soll zwar die Liquiditätslage verbessern, deren Planung müssen die Office Experten aber selbst übernehmen, denn nur sie wissen ja welche Verbindlichkeiten, Gehälter etc. in den nächsten Wochen zu bezahlen sind und welche Gelder voraussichtlich eingehen werden.

Zu 2.: Bei Vereinbarung der Delkrederefunktion übernimmt der Factor gegen eine bestimmte Provision das Risiko von Forderungsausfällen.

Zu 3.: Die Finanzierungsfunktion ist die ursprüngliche Idee des Factoring. Der Factor zahlt die Rechnungen unter Abzug von Zinsen und Gebühren sofort.

Zu 4.: Gegen entsprechende Bezahlung erbringt er auch andere Dienstleistungen wie Debitorenbuchhaltung oder das Eintreiben von Forderungen.

4.19 Kreditsicherungen

a) Bei der **selbstschuldnerischen Bürgschaft** verzichtet der Bürge auf die Einrede der Vorausklage, d. h. er muss sofort bezahlen, wenn der eigentliche Schuldner nicht zahlt. | 6

b) Bei einer **Sicherungsübereignung** wird das bedingte Eigentum an einer beweglichen Sache, z. B. einer Maschine durch Besitzkonstitut übertragen. Der Käufer kann also mit der Maschine schon produzieren, sie gehört ihm aber noch nicht. | 3

c) Beim **Lombardkredit** werden leicht verwertbare bewegliche Sachen z. B. Schmuckstücke oder Wertpapiere zur Sicherheit hinterlegt. | 4

Zu 1.: Bei einer **Ausfallbürgschaft** muss der Bürge erst zahlen, wenn der Hauptschuldner endgültig ausgefallen ist. Der Bürge hat das Recht darauf, dass der Gläubiger zunächst selber den Hauptschuldner verklagt.

Zu 2.: Beim **einfachen Eigentumsvorbehalt** wird der Schuldner erst Eigentümer einer Ware, wenn er den Kaufpreis bezahlt hat.

Zu 5.: Bei **Grundpfandrechten** besteht die Sicherung in einem Pfandrecht an einem Gebäude oder Grundstück.

Zu 7.: Beim **Zessionskredit** werden Forderungen, die der Kreditnehmer hat, zur Sicherheit an den Kreditgeber abgetreten.

4.20 Prokura und Handlungsvollmacht

Handlungsvollmacht hat, wer zum Betrieb eines Handelsgewerbes oder zur Vornahme von Handelsgeschäften ermächtigt ist, die dieses Handelsgewebe gewöhnlich mit sich bringt.

Prokura besitzt, wer zu allen Arten von gerichtlichen und außergerichtlichen Geschäften und Rechtshandlungen ermächtigt ist, die der Betrieb eines Handelsgewerbes mit sich bringt.

a) Die Einstellung ist rechtswirksam, da nach § 50 Abs. 1 HGB eine Beschränkung des Umfangs der Prokura Dritten gegenüber – hier also dem neu eingestellten Mitarbeiter gegenüber – unwirksam ist. Im Innenverhältnis wird Herr Mostakis aber Ärger bekommen, da er seine Kompetenzen überschritten hat. | 2

b) Dabei handelt es sich um eine Einzelvollmacht, die mit dem Zusatz i. A. unterzeichnet wird. | 1

c) Nach § 48 Abs. 1 HGB kann die Prokura nur von dem Inhaber des Handelsgeschäfts oder seinem gesetzlichen Vertreter, also hier der Geschäftsführerin, erteilt werden. | 1

d) Da die Prokura nach § 49 Abs. 1 HGB zu allen Geschäften berechtigt, die der Betrieb eines Handelsgewerbes mit sich bringt, ist das möglich. | 1

e) Nach § 57 HGB darf kein Handlungsbevollmächtigter beim Unterschreiben im Auftrag des Unternehmens Prokura andeuten, wenn er sie nicht innehat. Er hat mit einem das Vollmachtsverhältnis ausdrückenden Zusatz – in diesem Falle i. A. – zu unterzeichnen. | 2

f) Nach § 54 Abs. 2 HGB ist der Handlungsbevollmächtigte zur Prozessführung nur mit einer besonderen Befugnis berechtigt. | 2

4.21 Aufbau- und Ablauforganisation

Die **Aufbauorganisation** bildet das hierarchische Gerüst eines Unternehmens. Man betrachtet die Aufgaben, z. B. Beschaffung, Produktion und Absatz und bildet die für die Aufgabenerledigung erforderlichen einzelnen Organisationsbereiche und Stellen. Unterschieden werden insbesondere Einlinien-, Mehrlinien- und Matrixorganisationen.

Unter **Ablauforganisation** versteht man die Gestaltung der Arbeitsprozesse im Unternehmen. Sie legt fest wer, was, wann und womit macht. Es wird z. B. geregelt wie eine Lieferantenrechnung in der Firma bearbeitet wird und wie der Ablauf ihrer Bearbeitung innerhalb des Unternehmens gestaltet wird. Ziel ist eine möglichst reibungslose und kostengünstige Aufgabenerledigung zwischen allen beteiligen Bereichen.

a) Hier soll eine Stabstelle eingerichtet werden. `1`

b) Der Durchlauf der Rechnungen vereinfacht sich dadurch. Die meisten Fälle haben dadurch eine kürzere Bearbeitungszeit. `2`

c) „Einheitlichkeit der Auftragserteilung" bedeutet, dass ein einheitlicher Weisungsweg von oben nach unten und ein Berichtsweg von unten nach oben läuft. Das ist typisch für ein Einliniensystem. `1`

d) Das ist typisch für eine Matrixorganisation. `1`

e) Verringerung von Durchlaufzeiten ist ein typisches Ziel ablauforganisatorischer Untersuchungen. `2`

4.22 Leitungssysteme

Teil I

Lösung **4.** ist richtig. `4`

Zu 1.: Die Struktur zeigt eine Stablinienorganisation.

Zu 2.: Die Struktur zeigt eine Matrixorganisation.

Zu 3.: Die Struktur zeigt ein Mehrliniensystem.

Teil II

a) Bei einer Matrixorganisation müssen sich an den Schnittpunkten die Funktions- und Projektverantwortlichen zusammenraufen, um eine möglichst gute Lösung für das Gesamtunternehmen zu finden. `2`

b) Beim Mehrliniensystem erhält ein Mitarbeiter von mehreren Vorgesetzten Anweisungen, was zu Kompetenzstreitigkeiten führen kann. `3`

c) Beim Stabliniensystem werden die Instanzen durch Stäbe – z. B. eine Rechtsabteilung – unterstützt. Diese haben nur beratende Funktion, sind nicht weisungsbefugt und müssen auch keine unmittelbare Verantwortung für Entscheidungen übernehmen. `1`

4.23 Stellenbeschreibung

Lösung **5.** ist richtig.

5

Bei der Zurverfügungstellung eines Firmenwagens handelt es sich um eine spezifische einzelvertragliche Frage des Arbeitsvertrages, die höchstens in eine Stellen<u>aus</u>schreibung hinein gehört. Bei der Stellen<u>be</u>schreibung geht es ausschließlich um organisatorische Fragen.

4.24 Arbeits- und Geschäftsprozesse

a) **Managementprozesse** betreffen die Steuerung des Unternehmens und die strategischen Entscheidungen. 3

b) **Unterstützungs- oder Supportprozesse** wie Buchhaltung, Personalmanagement, IT-Leistungen, Bereitstellung von Maschinen und Materialien unterstützen die Kernprozesse. 2

c) **Kernprozesse** erbringen den Hauptbeitrag zum Wertschöpfungsprozess. Hier geht es also um die unmittelbare Produktion, die Auftragsbearbeitung, den Vertrieb aber auch um die Entwicklung neuer Produkte. 1

d) **Kernprozesse** – siehe Erläuterung zu c) 1

e) **Kernprozesse** – siehe Erläuterung zu c) 1

f) **Unterstützungsprozesse** – siehe Erläuterung zu b) 2

Die Abgrenzung zwischen den drei Prozessen ist dabei nicht immer ganz eindeutig.

4.25 Aufnahme der Prozesse

a) Bei einer **Multimomentaufnahme** handelt es sich um eine Stichprobenbeobachtung. Von der Häufigkeit der beobachteten Tätigkeiten schließt man auf den Anteil an der Gesamttätigkeit. 2

b) Bei der **Interviewmethode** erfolgt die Aufnahme durch eine gezielte Befragung durch einen Interviewer. 3

c) Bei einer **Selbstaufschreibung** erfassen die Mitarbeiter selbst mehr oder weniger formfrei Art, Häufigkeit, Dauer und Anzahl ihrer einzelnen Tätigkeiten. 5

Zu 1.: Bei einer **Dauerbeobachtung** wird der zu untersuchende Prozess über einen längeren Zeitraum beobachtet. Sie ist sehr zeitintensiv und ist gut geeignet, Störquellen ausfindig zu machen.

Zu 4.: Bei der **Fragebogenmethode** erfolgt die Ist-Aufnahme durch vorstrukturierte Fragebogen, die von den Mitarbeitern selbstständig ausgefüllt werden. Sie ist für eine große Anzahl von Befragungen geeignet.

4.26 Ereignisgesteuerte Prozesskette

a)

Es handelt sich um eine **Organisationseinheit** wie z. B. das Lager oder die Lohn- und Gehaltsbuchhaltung, die für das Bearbeiten von Funktionen verantwortlich ist.

2

b)

Es handelt sich um ein **Informationsobjekt** wie z. B. eine Steuertabelle aus der wichtige Daten zur Ausführung einer Funktion hervorgehen.

4

c)

Es handelt sich um ein **Ereignis** wie z. B. die erfolgte Neueinstellung eines Mitarbeiters, dessen Daten für die Lohn- und Gehaltsabrechnung jetzt erfasst werden müssen.

3

d)

Es handelt sich um eine **Tätigkeit** wie z. B. die Erfassung der Steuerdaten des neuen Mitarbeiters.

5

e)

XOR

Es handelt sich um einen **Konnektor**, in diesem Falle eine „Entweder-oder-Situation". Entweder ist der neue Mitarbeiter gesetzlich oder privat versichert.

1

4.27 Ereignisgesteuerte Prozesskette – Beispiel

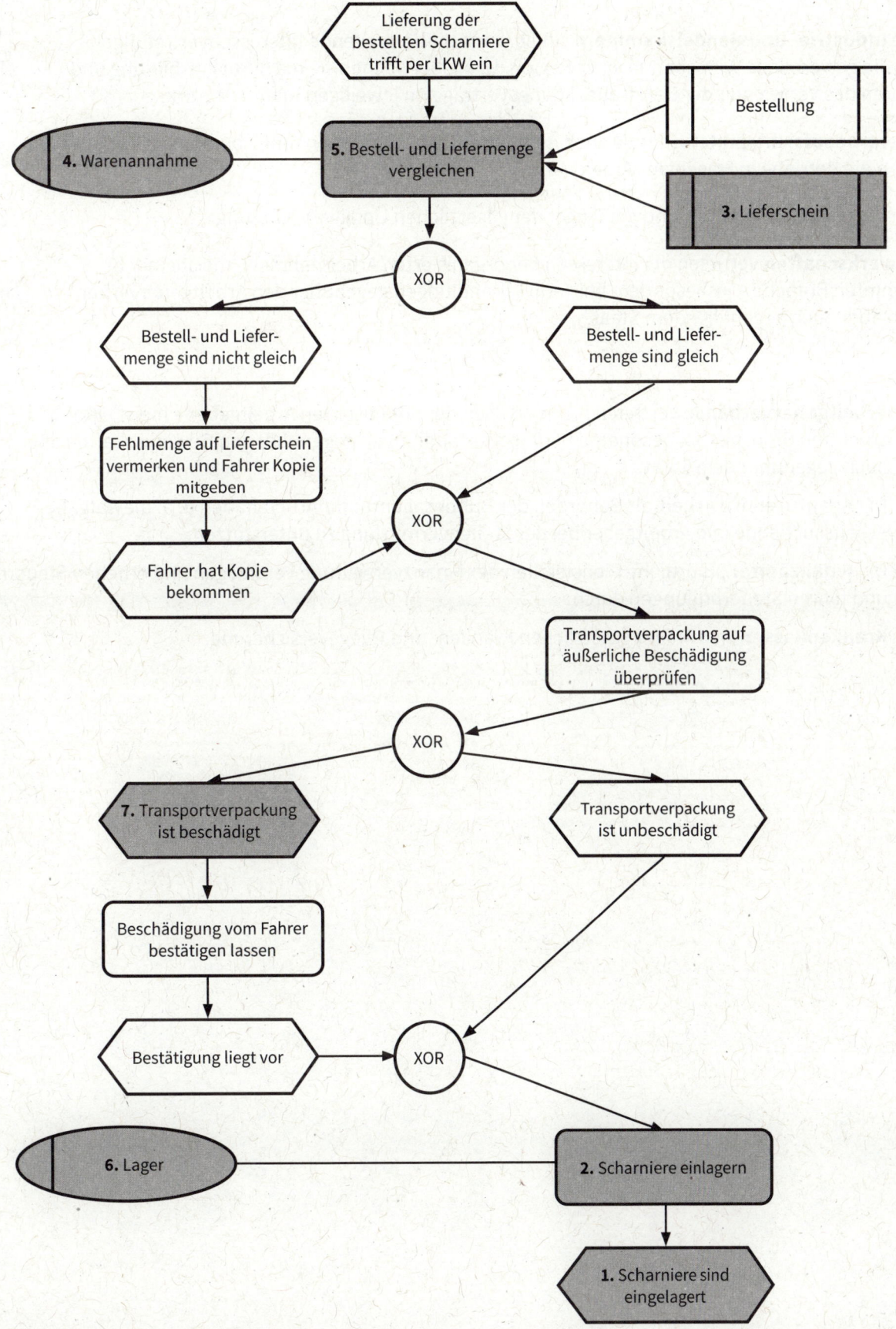

4.28 Zusammenarbeit mit Organisationen

a) Die **Industrie- und Handelskammern** sind branchenübergreifende Interessenvertretungen für die gewerbliche Wirtschaft in einer Region. U. a. überwachen sie die Berufsausbildung und führen das Verzeichnis der Berufsausbildungsverträge im jeweiligen Kammerbezirk. `4`

b) **Gewerbeaufsichtsämter** – häufig auch Ämter für Arbeitsschutz genannt – beraten und überwachen die Betriebe in Fragen des Arbeits- und des Umweltschutzes. `8`

c) **Berufsgenossenschaften** sind die Träger der gesetzlichen Unfallversicherung. `2`

d) **Gewerkschaften** vertreten die Interessen der organisierten Arbeitnehmer – meist einer bestimmten Branche – insbesondere bei Tarifverhandlungen gegenüber den Arbeitgeberverbänden aber auch gegenüber dem Staat. `6`

Zu 1.: Arbeitgeberverbände vertreten die Interessen der organisierten Arbeitgeber – meist einer bestimmten Branche – insbesondere bei Tarifverhandlungen gegenüber den Gewerkschaften aber auch gegenüber dem Staat.

Zu 3.: Die **Agenturen für Arbeit** als Behörden der Bundesagentur für Arbeit haben u. a. die Aufgabe, Arbeitssuchende und Arbeitgeber bei der Stellenvermittlung zu unterstützen.

Zu 5.: Die **Finanzämter** als örtliche Dienststellen der Finanzverwaltung veranlagen und erheben Steuern und führen Steuerprüfungen durch.

Zu 7.: Krankenkassen sind Träger gesetzlichen Kranken- und Pflegeversicherung.

5

Produkt- und Dienstleistungsangebot

5.1 Sektoren

a) Zum **tertiären Sektor** gehören alle Dienstleistungsbetriebe wie die Bank, der Unternehmensberater, das Übersetzungsbüro, der Fußballverein, das Kino und der Kiosk. | 3

b) **Tertiärer Sektor** – siehe Erläuterung zu a) | 3

c) Zum **sekundären Sektor** gehören die Betriebe der Weiterverarbeitung wie Industrie- und Handwerksbetriebe, hier also der Büromöbelhersteller und Automobilhersteller. | 2

d) **Tertiärer Sektor** – siehe Erläuterung zu a) | 3

e) **Sekundärer Sektor** – siehe Erläuterung zu c) | 2

f) Zum **primären Sektor** gehören die Betriebe der Urerzeugung wie der Braunkohlebergbaubetrieb und der Getreidebauer. | 1

g) **Primärer Sektor** – siehe Erläuterung zu f) | 1

h) **Tertiärer Sektor** – siehe Erläuterung zu a) | 3

i) **Tertiärer Sektor** – siehe Erläuterung zu a) | 3

j) **Tertiärer Sektor** – siehe Erläuterung zu a) | 3

5.2 Wirtschaftszweige

Die vom Statistischen Bundesamt unterschiedenen 21 Wirtschaftszweige wurden hier aus Vereinfachungsgründen auf 7 zusammengefasst.

a) Rohstoffbe- und verarbeitung findet z. B. in den Betrieben der Automobil- und der Chemieindustrie sowie zahlreichen Handwerksbetrieben wie Schreinereien, Klempnereien und Dachdeckerbetrieben statt. | 2

b) Beratung eines Unternehmens, Erbringung von sozialen Diensten, Weiterbildungsveranstaltungen, Friseurdienstleitungen, Vermietung von Autos, Betreiben von Gaststätten und Hotels werden von den sonstigen Dienstleistungsbetrieben erbracht. | 7

c) Sammlung und Verteilung von Wirtschaftsgütern wird von den zahlreichen Betrieben des Groß- und Einzelhandels wahrgenommen. | 3

d) Erstellung und Vertrieb von Informations- und Kulturangeboten werden unter anderem durch Verlage, Rundfunk- und Fernsehprogramme und Telekommunikationsbetriebe erbracht. | 5

e) Rohstoff- und Energiegewinnung wird von vielen land- und forstwirtschaftlichen Betrieben, Fischereien, Bergbautrieben und Energieversorgern betrieben. | 1

f) Abwicklung des Zahlungs- und Kreditverkehrs sowie Risikoübernahme durch Versicherungen wird insbesondere durch Banken, Versicherungen prund Rückversicherer vorgenommen. | 6

g) Beförderung von Personen und Wirtschaftsgütern wird z. B. durch Eisenbahnbetriebe, Luftverkehrsgesellschaften und Speditionen erbracht. | 4

5.3 Leistungserstellung

a) In einem **Handwerksbetrieb** werden Güter und Leistungen meist in kleinen Mengen bei einem niedrigen Automatisierungsgrad erstellt. Die Leistung wird in der Regel individuell nach den Wünschen des Kunden erbracht (z. B. Maler- oder Dachdeckerarbeiten). `3`

b) In einem **Dienstleistungsbetrieb** werden in der Regel in enger Zusammenarbeit zwischen Kunde und Produzent nicht lagerfähige immaterielle Produkte erstellt (z. B. Unternehmensberatung oder Versicherungen). `4`

c) In einem **Handelsbetrieb** werden Güter eingekauft und unverändert weiterverkauft (z. B. Lebensmitteleinzelhandel oder Getränkegroßhandel). `2`

d) In einem **Industriebetrieb** werden Güter meist unter hohem Maschinen- und Kapitaleinsatz, häufig in großen Mengen für den anonymen Markt produziert (z. B. Elektro- oder Möbelindustrie). `1`

Die Abgrenzungen zwischen den Betrieben sind fließend. So erbringen die Office Experten sicherlich überwiegend industrielle Leistungen, handeln zur Abrundung ihres Produktspektrums aber auch mit Artikeln und sind mit der Konzepterstellung für Büros auch als Dienstleister tätig.

5.4 Arbeitsteilung

Lösung **2.** ist richtig. `2`

Arbeitsteilung bedeutet, dass Prozesse – z. B. Produktionsprozesse – in Teilverrichtungen zerlegt werden, die von spezialisierten Mitarbeitern oder Betrieben durchgeführt werden. Bei einer Spezialisierung innerhalb des Betriebes handelt es sich um eine **betriebliche Arbeitsteilung**.

Zu 1. und **4.:** Gehören die Betriebe zu unterschiedlichen Volkswirtschaften, so liegt **internationale Arbeitsteilung** vor.

Zu 3. und **5.:** Erfolgt dies innerhalb einer Volkswirtschaft, so handelt es sich um eine **zwischen- oder überbetriebliche Arbeitsteilung**.

5.5 Arbeitslosigkeit

a) **Friktionelle Arbeitslosigkeit** liegt vor, wenn Arbeitnehmer einen Arbeitsplatz aufgeben mussten, vorübergehend aber noch keine andere neue Arbeit gefunden haben. | 2 |

b) **Konjunkturelle Arbeitslosigkeit** ist durch die allgemeine zyklische Entwicklung der Wirtschaft begründet. In Boomzeiten sinkt die Arbeitslosigkeit, in Zeiten der Depression steigt sie. | 3 |

c) **Strukturelle Arbeitslosigkeit** ist zum Beispiel durch Krisen im Bergbau und der Stahlindustrie begründet. | 4 |

Zu 1.: Saisonale Arbeitslosigkeit ist jahreszeitlich bedingt. So nimmt insbesondere in der Baubranche die Arbeitslosigkeit im Winter zu.

Zu 5.: Technologische Arbeitslosigkeit wird durch Automatisierung und Rationalisierung verursacht. So fallen besonders häufig einfache manuelle Tätigkeiten weg und werden durch Fertigungsautomaten ersetzt.

5.6 Käufer- und Verkäufermarkt

a) **Verkäufermärkte** sind durch ein relativ knappes Güterangebot gekennzeichnet, was zu einem Nachfrageüberschuss führt. Die Preise haben die Tendenz zu steigen. Die Verkäufer sind in der eindeutig besseren Verhandlungsposition. | 2 |

b) **Verkäufermarkt** – siehe Erläuterung zu a) | 2 |

c) In **Käufermärkten** besteht regelmäßig ein Angebotsüberschuss weswegen sich die Käufer in einer stärkeren Position befinden. Die Unternehmen müssen sich stark um ihre Kunden bemühen und setzen dafür ihr absatzpolitisches Instrumentarium ein. Häufig sind die Preise relativ niedrig. | 1 |

d) **Käufermarkt** – siehe Erläuterung zu c) | 1 |

e) **Verkäufermarkt** – siehe Erläuterung zu a) | 2 |

5.7 Konjunkturphasen – Begriffe

Für jede der vier Konjunkturphasen gibt es zwei übliche Begriffe:

Aufschwung	= Expansion		a)	2
Hochkonjunktur	= Boom		b)	1
Abschwung	= Rezession		c)	1
Tiefstand	= Depression		d)	2
			e)	2

5.8 Konjunktur und Konjunkturindikatoren

a) Vollauslastung der Kapazitäten ist ein Kennzeichen für eine **sehr gute Konjunktur**. `2`

b) Abnehmende Beschäftigung, also sinkende Kapazitätsauslastung sind kennzeichnend für einen **Abschwung**. `3`

c) Investitionen in Anlagen sprechen für einen **Boom** oder eine weit **fortgeschrittene Expansion**. `2` oder `1`

d) Im **Boom** werden verstärkt Kredite nachgefragt, was zu einem Anstieg der Zinsen führt. Häufig versucht auch die EZB das Zinsniveau zu erhöhen, um einer Überhitzung der Konjunktur entgegen zu wirken. `2`

e) Im Angesicht **positiver Konjunktur- und damit Einkommenserwartungen** nimmt die Neigung zum Sparen für schlechtere Zeiten ab. `1`

f) Hohe Lagerbestände an Erzeugnissen in der Gesamtwirtschaft – nicht bei einzelnen Unternehmen – sind Zeichen einer **Depression**. `4`

g) Zunehmende Auftragsbestände deuten auf eine sich **verbessernde oder schon sehr gute Konjunktur** hin. Die Auftragsbestände von heute sind die Umsätze der näheren Zukunft. `1` oder `2`

5.9 Konjunkturindikatoren

Frühindikatoren sollen helfen, die zukünftige Entwicklung der gesamten Wirtschaft, einer Branche oder auch einzelner Unternehmen einzuschätzen. Der Ifo-Geschäftsklimaindex ergibt sich aus Befragungen von Unternehmen, der Konsumklimaindex aus der Befragung von Konsumenten über ihre Zukunftserwartungen. Steigende oder sinkende Auftragseingänge weisen auf eine zukünftig voraussichtlich wachsende oder zurückgehende wirtschaftliche Entwicklung hin. In Aktienkursen schlägt sich oft die zukünftige Entwicklung der Wirtschaft oder einer einzelnen Unternehmung nieder.

a)	1
b)	2
c)	1
d)	1
e)	2
f)	1
g)	1
h)	2

Spätindikatoren zeigen vergangene wirtschaftliche Entwicklungen auf. Dazu gehören die Arbeitlosenquote und die Körperschaftssteuereinnahmen, also Steuern auf Gewinne der Vergangenheit aber auch die Inflationsrate und das Bruttoinlandsprodukt des Jahres.

Präsenzindikatoren (nicht Gegenstand der Aufgabe) wie das Bruttoinlandsprodukt des Monats, die Entwicklung der Überstunden oder der Kurzarbeit geben Auskunft über die aktuelle konjunkturelle Lage. Ein Ansteigen der Überstunden oder ein Rückgang der Kurzarbeit deutet auf eine sich gerade verbessernde Konjunktur hin.

5.10 Magisches Viereck

Lösungen **1.** und **3.** gehören nicht zu den ursprünglichen Zielen laut Gesetz. `1` `3`

Die Ziele des aus dem Jahre 1967 stammenden Gesetzes sind die **Stabilität des Preisniveaus**, der **hohe Beschäftigungsstand**, das **außenwirtschaftliche Gleichgewicht** und das **angemessene Wirtschaftswachstum**. Da alle Ziele zusammenhängen, sich teilweise ergänzen oder miteinander konkurrieren spricht man vom „Magischen Viereck".

Weitere in dem Gesetz nicht genannte Ziele, die nach überwiegender Meinung in den vergangenen Jahrzehnten an Bedeutung gewonnen haben und ebenfalls verfolgt werden sollen, sind eine gerechte Einkommens- und Vermögensverteilung und ein ökologisches Gleichgewicht. So spricht man häufig auch vom Magischen Fünf- oder Sechseck.

5.11 Preisstrategien

a) Im Monopol kann der Anbieter den Preis autonom festlegen. Dann muss er die verkaufte Menge hinnehmen. Oder er legt die zu verkaufende Menge fest und schaut nach, zu welchem Preis das möglich ist. `3`

b) Diese ruinöse Konkurrenz verfolgt das Ziel, entweder einzelne oder alle Konkurrenten aus dem Markt zu drängen und damit die Anzahl der Mitbewerber zu reduzieren oder vielleicht sogar eine Monopolstellung zu bekommen. `2`

c) Preisabsprachen haben das Ziel, einen ruinösen Wettbewerb zu verhindern und allen Anbietern einen hohen Gewinn zu sichern. Je mehr Anbieter es gibt, desto schwieriger ist es, Absprachen zu treffen, sodass dieses Verhalten in der Regel in Oligopolen vorzufinden ist. Solche Absprachen sind gesetzwidrig. `2`

Produkt- und Dienstleistungsangebot

5.12 Marktformen

Folgende Marktformen werden unterschieden, wobei die Abgrenzung nicht immer eindeutig ist:

	Ein Nachfrager	Wenige Nachfrager	Viele Nachfrager
Ein Anbieter	Zweiseitiges oder bilaterales Monopol	Beschränktes Angebotsmonopol	Angebotsmonopol
Wenige Anbieter	Beschränktes Nachfragemonopol	Zweiseitiges oder bilaterales Oligopol	Angebotsoligopol
Viele Anbieter	Nachfragemonopol	Nachfrageoligopol	Polypol

a) Die Aussage ist richtig. Es stehen viele Malereibetriebe vielen Kunden gegenüber. `1`

b) Die Aussage ist falsch. Wenn man davon ausgeht, dass wenige Flugzeughersteller wenigen Fluglinienbetreibern gegenüberstehen handelt es sich um ein zweiseitiges Oligopol; betrachtet man den Markt weltweit und kommt zu dem Schluss, dass es viele Fluglinienbetreiber gibt, so handelt es sich um ein Angebotsoligopol. `2`

c) Die Aussage ist richtig. Es treffen viele Automobilbesitzer auf wenige Mineralölkonzerne. `1`

d) Die Aussage ist falsch. Es stehen einem Anbieter viele Nachfrager gegenüber. Es handelt sich also um ein Angebotsmonopol. `2`

e) Die Aussage ist falsch. Es treffen wenige Anbieter auf viele Nachfrager. Es handelt sich also um ein Angebotsoligopol. `2`

5.13 Marktgleichgewicht

Preis in €	Nachfrage in Stück	Angebot in Stück	Verkaufte Menge
10,00	10.000	4.000	4.000
11,00	9.000	5.000	5.000
12,00	8.000	6.000	6.000
13,00	7.000	7.000	7.000
14,00	6.000	8.000	6.000
15,00	5.000	9.000	5.000

a) Gleichgewichtspreis ist der Preis, bei dem Angebot und Nachfrage ausgeglichen sind. Das ist bei 13,00 € der Fall. € `1 3 0 0`

b) Bei einem Preis von 11,00 € können 5.000 Stück verkauft werden, was zu einem Umsatz von 55.000,00 € führt. € `5 5 0 0 0 0 0`

c) Bei einem Preis von 14,00 € besteht eine Nachfrage von 6.000 Stück und es werden 8.000 Stück angeboten. € `1 4 0 0`

5.14 Vollkommener/Unvollkommener Markt

Die Aussagen **1.**, **3.**, **4.** und **5.** sind richtig.

`1` `3` `4` `5`

Auf einem vollkommenen Markt gibt es keine sachlichen, persönlichen, räumlichen oder zeitlichen Unterschiede (Präferenzen). Alle Marktteilnehmer verhalten sich rational, lassen sich also z. B. nicht durch Werbung beeinflussen. Es herrscht Markttransparenz, d. h. Käufer und Verkäufer haben einen vollständigen Marktüberblick und reagieren sofort auf Veränderungen am Markt. Am ehesten ist dies auf Aktienbörsen oder Wochenmärkten der Fall.

Zu 1.:   Hier besteht eine sachliche Präferenz, da die Office Experten ein Produkt anbieten, dass es so nur bei ihnen gibt. Eventuell liegt auch eine zeitliche Präferenz vor, wenn die Konkurrenz vielleicht erst einige Wochen später so weit ist.

Zu 3.:   Hier liegt eine persönliche Präferenz vor.

Zu 4.:   Auf vollkommenen Märkten gibt es nur einen Preis.

Zu 5.:   Hier liegt eine zeitliche Präferenz vor.

Zu 2. und 6.:   Beides sind Grundbedingungen eines vollkommenen Marktes.

5.15 Ökonomisches Prinzip

Als Ökonomisches Prinzip oder Wirtschaftlichkeitsprinzip bezeichnet man das Bemühen, knappe Wirtschaftsgüter sparsam einzusetzen. In seiner Ausprägung als **Minimalprinzip** soll ein vorgegebenes Ergebnis mit möglichst geringem Aufwand erreicht werden. Beim **Maximalprinzip** soll mit einem vorgegebenen Aufwand ein möglichst hohes Ergebnis erreicht werden.

Lösungen **3.** und **4.** sind richtig.

`3` `4`

In beiden Fällen soll mit einem vorgegebenen Mitteleinsatz ein möglichst großes Ergebnis erzielt werden.

Zu 1.:   Hier wird weder nach dem Minimal- noch nach dem Maximalprinzip gehandelt, denn es sind weder Ergebnis noch Einsatz vorgegeben.

Zu 2. und 5.:   Hier wird nach dem Minimalprinzip gehandelt, denn es wird in beiden Fällen versucht, einen fest definierten Endzustand mit möglichst geringem Einsatz zu erzielen.

5.16 Konjunkturausblick – Wirtschaftswachstum

Richtig sind **4.** und **5.**

Zu 4.: Die Aussage ist richtig. Der private Konsum wird voraussichtlich um 1,0 % ansteigen.

Zu 5.: Die Aussage ist richtig. Es wird ein Rückgang von 6,1 % auf 5,6 % erwartet.

Zu 1.: Die Aussage ist falsch, da prozentuale Steigerungen sich jeweils auf das Vorjahr beziehen. Eine einfache Addition der Prozentsätze (2,2 % + 2,1 % + 2,0 % + 2,3 % = 8,6 %) ist nicht möglich. Die wirkliche Veränderung ist etwas größer. (102,2 % x 102,1 % x 102,0 % x 102,3 %) – 100 % = 8,88 %

Zu 2.: Die Aussage ist falsch, da es sich bei der erwarteten Steigerung der Verbraucherpreise um 2,0 % um einen durchschnittlichen Wert für einen ganzen Warenkorb handelt. So werden vielleicht Elektronikartikel um 3 % preiswerter, während die Preise für Lebensmittel um 8 % steigen.

Zu 3.: Die Aussage ist so nicht möglich, da aus der Darstellung nur die prozentualen Veränderungen der Exporte hervorgehen. Für die Ermittlung des Außenhandelsüberschusses müssten absolute Werte der Im- und Exporte herangezogen werden.

6

Berufsbildung

Notizen

6.1 Rechte und Pflichten in der Ausbildung

a) Nach § 16 BBiG ist der Ausbildende verpflichtet, dem Auszubildenden ein einfaches und auf Verlangen auch ein qualifiziertes Zeugnis auszustellen. | 4

b) Nach § 15 BBiG haben Ausbildende Auszubildende für die Teilnahme am Berufsschulunterricht und an Prüfungen freizustellen. | 4

c) Nach § 13 BBiG muss der Auszubildende Werkzeuge, Maschinen und sonstige Einrichtungen pfleglich behandeln. | 2

d) Nach § 13 BBiG muss der Auszubildende die für die Ausbildungsstätte geltende Ordnung beachten. | 2

e) Nach § 14 BBiG muss der Ausbildende dafür sorgen, dass Auszubildende charakterlich gefördert sowie sittlich und körperlich nicht gefährdet werden. | 4

f) Nach § 17 BBiG haben Ausbildende dem Auszubildenden eine angemessene Vergütung zu gewähren. | 4

g) Das ist nicht im BBiG geregelt, sondern im Entgeltfortzahlungsgesetz (EntgFG). Nach § 5 EntgFG kann (nicht muss) der Ausbildende die Arbeitsunfähigkeitsbescheinigung bereits für den ersten Tag verlangen. Ansonsten ist die Vorlage erst verpflichtend, wenn die Arbeitsunfähigkeit länger als drei Kalendertage dauert. | 3

h) Nach § 13 BBiG muss der Auszubildende an Ausbildungsmaßnahmen teilnehmen, für die er freigestellt wird. | 2

i) Nach § 14 BBiG muss der Ausbildende neben Werkzeugen und Werkstoffen auch Fachliteratur kostenlos zur Verfügung stellen. | 4

j) Nach § 14 BBiG muss der Ausbildende Ausbildungsmittel zur Ausbildung im Betrieb kostenlos zur Verfügung stellen. | 4

Die Antworten sind nicht immer eindeutig, da die Verpflichtung des einen Vertragspartners sich oftmals mit dem Recht des anderen deckt. Die „richtigen" Antworten sind aus der Formulierung des Gesetzgebers abgeleitet.

6.2 Ausbildungsvertrag

Fehlerhaft sind die Eintragungen in den Abschnitten **F, H und I**.

F H I

Zu F: Die Eintragung ist fehlerhaft. Nach § 17 Abs. 1 BBiG muss die Ausbildungsvergütung mit fortschreitender Berufsausbildung, mindestens jährlich, ansteigen.

Zu H: Die Eintragung ist fehlerhaft. Da Frau Öner voraussichtlich in der zweiten Jahreshälfte des Jahres 2029 ausscheiden wird, steht ihr nach § 5 Abs. 1c BUrlG der komplette Jahresurlaub, also 29 Arbeitstage zu. Der genannte Paragraf sieht einen anteiligen Anspruch nur für das Ausscheiden in der ersten Jahreshälfte vor. Im Umkehrschluss bedeutet das, dass bei Ausscheiden in der zweiten Jahreshälfte ein kompletter Urlaubsanspruch entsteht.

Der Urlaub des Jahres 2026 bestimmt sich zwar noch nach den Vorschriften des JArbSchG. Nach § 19 Abs. 2 hat sie einen Anspruch auf 25 Werktage, da sie zu Beginn des Kalenderjahres noch nicht 18 Jahre alt. Da die einzelvertragliche Regelung mit 29 Arbeitstagen für die Auszubildende jedoch günstiger als die gesetzliche Regelung, geht diese vor. Anteilig sind das 12 Arbeitstage für die Monate August bis Dezember 2026.

$$\frac{29}{12} \times 5 = 12{,}08 \Rightarrow 12 \text{ Arbeitstage}$$

Nach § 5 Abs. 2 BUrlG wird der Urlaubsanspruch erst aufgerundet, wenn es sich um mindestens einen halben Tag handelt.

Zu I: Die Eintragung ist an zwei Stellen fehlerhaft.

1. Eine Verlängerung der Probezeit ist nicht möglich. Siehe auch Erläuterung zu B.

2. Die Verpflichtung, im Anschluss an die Ausbildung mindestens zwei Jahre bei den Office Experten zu arbeiten, ist nichtig. Nach § 12 Abs. 1 BBiG kann der Auszubildende sich erst in den letzten sechs Monaten der Ausbildung für die Zeit danach an den Ausbildenden binden.

Zu A: Die Eintragung ist richtig. Auch wenn Verkürzungsgründe wie Abitur oder mittlere Reife vorliegen sollten, so müsste keine Verkürzung beantragt werden. Auch die Dauer ist richtig eingetragen. Die Ausbildung endet im Regelfall zwar früher, nämlich nach § 21 Abs. 2 BBiG mit Bekanntgabe des Ergebnisses durch den Prüfungsausschuss. Dieses Datum ist aber zum Zeitpunkt des Vertragsabschlusses unbekannt.

Zu B: Die Eintragung ist richtig. Nach § 20 BBiG beginnt die Ausbildung mit einer Probezeit, die mindestens einen Monat und höchstens vier Monate beträgt.

Zu C: Die Eintragung ist richtig. Durch die Formulierung „… und mit dem Betriebssitz für die Ausbildung üblicherweise zusammenhängenden Bau-, Montage- und sonstigen Arbeitsstellen statt." sind damit natürlich auch Dienstreisen zu weiter entfernten Kunden, Lieferanten usw. abgedeckt.

Zu D: Die Eintragung ist richtig. Sie soll Auszubildende vor der Überraschung bewahren, dass die Ausbildung unter Umständen teilweise auch anderswo stattfindet.

Zu G: Die Eintragung ist richtig. Bei Beginn der Ausbildung ist die Auszubildende volljährig und unterliegt damit den Vorschriften des Arbeitszeitgesetzes. Als Jugendliche dürfte die Ausbildungszeit nur maximal 8 Stunden täglich bzw. 40 Stunden wöchentlich betragen.

6.3 Arbeitszeiten – Pausen – Berufsschule

Teil I

Richtig sind die Lösungen **2.** und **4.** `2` `4`

Zu 2.: Die Aussage ist richtig. Ruhepausen müssen nach § 4 ArbZG und § 11 Abs. 1 JArbSchG mindestens 15 Minuten umfassen.

Zu 4.: Die Aussage ist richtig. Die erste Pause wäre dann nach weniger als 6 Stunden. Die 30 Minuten Mittagspause wären auch ausreichend, da 9 Stunden nicht überschritten würden. Siehe § 4 ArbZG.

Zu 1.: Die Aussage ist falsch. Am Freitag sind 7 Stunden Arbeit ohne Pause vorgesehen. Nach § 4 ArbZG dürfen Volljährige nicht mehr als 6 Stunden, nach § 11 Abs. 2 JArbSchG dürfen Jugendliche nicht mehr als 4,5 Stunden ohne Ruhepause beschäftigt werden.

Zu 3.: Die Aussage ist falsch. Siehe Erläuterung zu 1.

Zu 5.: Die Aussage ist falsch, denn dann würden die Jugendlichen ja erst nach 5,5 Stunden ihre erste Pause bekommen. Siehe Erläuterung zu 1.

Teil II

Richtig sind die Lösungen **2.** und **3.** `2` `3`

Zu 2.: Die Aussage ist richtig. Siehe § 3 ArbZG.

Zu 3.: Die Aussage ist richtig. Siehe § 8 Abs. 1 JArbSchG und Erläuterung zu 1.

Zu 1.: Die Aussage ist falsch. Jugendliche dürfen nach § 8 Abs. 1 JArbSchG nicht mehr als 8 Stunden täglich und 40 Stunden wöchentlich beschäftigt werden. Eine Ausdehnung an einzelnen Tagen auf 8,5 Stunden ist zwar zulässig, die 40 Stunden dürfen dadurch trotzdem nicht regelmäßig überschritten werden. Siehe insbesondere § 8 Abs. 2 und 2a JArbSchG.

Zu 4.: Die Aussage ist falsch. Auch Jugendliche können an gleitenden Arbeitszeiten teilnehmen, sofern die Vorschriften über Arbeitszeiten, Pausen, Nachtruhen etc. nach dem Jugendarbeitsschutzgesetz eingehalten werden.

Teil III

Richtig sind die Anworten **2.** und **4.** `2` `4`

Zu 2. Die Aussage ist richtig. Nach § 9 Abs. 1 JArbSchG bzw. § 15 Abs. 1 BBiG ist nur eine Beschäftigung vor einem vor 9 Uhr beginnenden Unterricht unzulässig.

Zu 4. Die Aussage ist richtig. Die Anrechnungen der Berufsschulzeiten erfolgen nach § 9 Abs. 2 JArbSchG ausschließlich auf die Arbeitszeit.

Zu 1. Die Aussage ist falsch. Nach § 15 BBiG geht das z. B. nicht in Blockschulwochen.

Zu 3. Die Aussage ist falsch. Nach § 15 Abs. 1 BBiG haben alle Auszubildenden in Berufsschulwochen mit einem planmäßigen Blockunterricht von mindestens 25 Stunden an mindestens fünf Tagen anschließend frei.

Zu 5. Die Aussage ist falsch. § 9 Abs. 1 JArbSchG sieht nur bis zu zwei Stunden zusätzliche Ausbildungsveranstaltungen – also kein Arbeiten – vor.

6.4 Pläne in der Ausbildung

a) Aus dem von der Kultusministerkonferenz beschlossenen **Rahmenlehrplan** für Kaufleute für Büromanagement gehen die in den Berufsschulen zu vermitteltenden Unterrichtsinhalte hervor.

2

b) Aus dem **Ausbildungsberufsbild** geht nur sehr grob hervor, was dem Auszubildenden zu vermitteln ist, so bei Kaufleuten für Büromanagement z. B. die Finanzbuchhaltung.

4

c) Aus dem **individuellen Ausbildungsplan** ist erkennbar, wann der Auszubildende in welchen Abteilungen ausgebildet wird.

3

d) Aus dem **Ausbildungsrahmenplan** geht detailliert hervor, was in welcher Tiefe (sachliche Gliederung) und zu welchem Zeitpunkt (zeitliche Gliederung) den Auszubildenden im Betrieb aus der Position Finanzbuchhaltung des Ausbildungsberufsbildes für Kaufleute für Büromanagement zu vermitteln ist.

1

6.5 Beteiligte im Dualen System

a) Der **Schlichtungsausschuss** kann bei Streitigkeiten aus bestehenden Ausbildungsverträgen zwischen Auszubildenden und Ausbildenden hinzugezogen werden. Streitigkeiten aus nicht mehr bestehenden Ausbildungsverträgen landen direkt beim Arbeitsgericht, wo es allerdings zunächst eine Güteverhandlung gibt. Schlichtungsausschüsse werden bei den **Industrie- und Handelskammern** eingerichtet. Siehe § 111 Abs. 2 ArbGG. 3 oder 6

b) Die Industrie- und Handelskammern organisieren nach §§ 39 ff BBiG **Prüfungsausschüsse** zur Aufgabenerstellung, Prüfungsabnahme und Prüfungsbewertung. 4

c) Zur Überwachung der Berufsbildung werden durch die **Industrie- und Handelskammern** Ausbildungsberater bestellt. Siehe § 76 BBiG. 6

d) und g) In größeren Firmen wird die Ausbildung vom Ausbildenden auf einen bestellten **Ausbilder** delegiert. Dieser plant und organisiert die Ausbildung und übernimmt vielleicht auch einige Ausbildungsabschnitte selber. Viele Teile der Ausbildung werden dann allerdings von den **Ausbildungsbeauftragten** in den einzelnen Abteilungen erbracht. 5

e) Alle bestehenden Ausbildungsverhältnisse werden in das Verzeichnis der Ausbildungsverhältnisse bei der **Industrie- und Handelskammer** eingetragen. 6

f) Nach § 45 BBiG können Auszubildende vor Ablauf der Ausbildungszeit zur Abschlussprüfung zugelassen werden, wenn ihre Leistungen dies rechtfertigen. Dazu müssen die Noten der betrieblichen und schulischen Beurteilung besser als 2,5 sein. Die Entscheidung trifft die **Industrie- und Handelskammer.** 6

g) siehe Erläuterung zu d) 1

h) Im Dualen System sind die Betriebe für die Vermittlung der praktischen und die **Berufsschulen** der firmenübergreifenden mehr theoretischen Kenntnisse, Fertigkeiten und Fähigkeiten zuständig. 7

i) Die Hauptpflicht des **Ausbildenden** nach § 14 Abs. 1 BBiG ist dafür zu sorgen, dass dem Auszubildenden die berufliche Handlungsfähigkeit vermittelt wird, die zum Erreichen des Ausbildungsziels erforderlich ist. 2

j) **Auszubildende** dürfen wegen Aufgabe der Ausbildung kündigen. Das Gleiche gilt, wenn sie sich für eine andere Berufstätigkeit ausbilden lassen wollen. Siehe § 22 Abs. 2 BBiG. 8

6.6 Beendigung des Berufsausbildungsverhältnisses

Die Aussagen **2.** und **5.** sind **korrekt.**

`2` `5`

Zu 2.: Das ist möglich, solange die Gesamtzeit von vier Monaten nach § 20 BBiG nicht überschritten wird.

Zu 5.: Das ist nach § 22 Abs. 2 BBiG möglich, da er die Ausbildung in diesem Falle ja aufgibt.

Zu 1.: Die Aussage ist falsch, da sich das Berufsausbildungsverhältnis nach § 21 Abs. 3 BBiG nur auf Verlangen des Auszubildenden verlängert.

Zu 3.: Die Aussage ist falsch, da nach § 22 Abs. 2 BBiG nach Ablauf der Probezeit immer noch aus einem wichtigen Grund gekündigt werden kann. Z. B. ein Diebstahl beim Kunden oder eine schwere körperliche Tätlichkeit durch den Auszubildenden gegenüber dem Ausbildenden können dazu führen.

Zu 4.: Die Aussage ist falsch, da alleine das Verlangen des Auszubildenden ausreicht.
Siehe § 21 Abs. 3 BBiG und die Ausführungen zu 1. Die Erfolgsaussichten spielen keine Rolle.

6.7 Zeugnis

Lösung **4.** ist richtig.

`4`

Nach § 16 BBiG muss der Ausbildende ein einfaches und auf Verlangen des Auszubildenden auch ein qualifiziertes Zeugnis ausstellen, aus dem auch Angaben über Verhalten und Leistung hervorgehen. Sobald also eine Bewertung einfließt, wie z. B. „hat uns durch seine Leistungen stets überzeugt" oder „haben sie als immer hilfsbereite und zuvorkommende Auszubildende kennengelernt" wird aus dem einfachen ein qualifiziertes Zeugnis.

6.8 Jugend- und Auszubildendenvertretung

a) Wahlberechtigt sind Jennifer Mey (**1.**), Lukas Schlitt (**2.**) und Marc Rath (**4.**)   `1` `2` `4`

Zu 1. und 2.	Nach § 61 Abs. 1 i. V. m. § 60 Abs. 1 BetrVG sind nur Jugendliche oder Auszubildende wahlberechtigt.
Zu 4.	Siehe Erläuterung zu 1. Die Befristung des Vertrages spielt keine Rolle.
Zu 3. und 5.	Kevin Berg und Nadine Esser sind weder Jugendliche noch Auszubildende.

b) Wählbar sind Jennifer Mey (**1.**), Lukas Schlitt (**2.**) und Marc Rath (**4.**)   `1` `2` `4`

Zu 1., 2. und 4.	Wählbar sind nach § 61 Abs. 2 BetrVG alle Personen, die das 25. Lebensjahr noch nicht vollendet haben oder die zu ihrer Berufsausbildung beschäftigt sind. Mitglieder des Betriebsrates sind nicht wählbar.
Zu 3.	Kevin Berg ist zu alt. Siehe auch Erläuterung zu 1.
Zu 5.	Obwohl erst 23 Jahre alt, ist Nadine Esser als Mitglied des Betriebsrates nicht wählbar. Siehe auch Erläuterung zu 1.

Teil III

Die Aussagen **2.** und **3.** sind korrekt.   `2` `3`

Zu 2.: Nach § 78 a Absatz 2 BetrVG besteht ein Übernahmeanspruch. Es ist allerdings nur ein bevorzugter Anspruch, da der Arbeitgeber beim Arbeitsgericht beantragen kann, dass kein Arbeitsverhältnis zustande kommt, wenn es für ihn völlig unzumutbar ist. Siehe § 78 a Absatz 4 BetrVG. Das könnte z. B. der Fall sein, wenn gar kein Auszubildender übernommen werden kann und für die Übernahme einem anderen Mitarbeiter gekündigt werden müsste.

Zu 3.: siehe § 70 Absatz 1 BetrVG

Zu 1.: Die Aussage ist falsch, da nach § 70 Absatz 1 BetrVG die Jugend- und Auszubildendenvertretung eine Maßnahme nur beim Betriebsrat beantragen kann.

Zu 4.: Die Aussage ist falsch, da Marc Rath kein Auszubildender ist und somit der § 78 a BetrVG für ihn gar nicht gilt.

Zu 5.: Die Aussage ist falsch. Sie sind ja für die Jugend- und Auszubildendenvertretung und nicht für den Betriebsrat gewählt.

6.9 Ärztliche Untersuchung

Die Aussagen **1.** und **3.** sind richtig.

`1` `3`

Zu 1.: siehe § 33 Abs. 1 JArbSchG. Die Vorschrift gilt natürlich nur, sofern die Person ein Jahr nach Aufnahme der Beschäftigung immer noch Jugendliche ist. Das ist bei Jennifer Mey der Fall.

Zu 3.: Siehe § 33 Abs. 3 JArbSchG.

Zu 2.: Die evtl. Befreiung von der Untersuchungspflicht gilt nur für „geringfügige oder eine nicht länger als zwei Monate dauernde Beschäftigung mit leichten Arbeiten". Siehe § 32 Abs. 2 JArbSchG.

Zu 4.: Nein, denn dann ist sie volljährig und fällt nicht mehr unter das Jugendarbeitsschutzgesetz.

Zu 5.: Nach § 33 Abs. 2 JArbSchG muss der Arbeitgeber den Jugendlichen auf ein evtl. Beschäftigungsverbot hinweisen, sollte die Bescheinigung nicht vorgelegt werden.

6.10 Personalförderung

a) **Traineeprogramm** `3`

b) **Coaching** `1`

c) **Berufsbegleitendes Studium** `4`

Zu 2.: Beim **Mentoring** geben erfahrene Personen, die Mentoren, ihr Wissen und ihre Erfahrungen an neue oder wenig erfahrene Mitarbeiter weiter und unterstützen damit deren persönliche und berufliche Entwicklung.

Zu 5.: Beim **Jobenrichment** (Arbeitsbereicherung) werden verschiedene Arbeitsgänge zu einer höherwertigen Tätigkeiten zusammengefasst. Z. B. führt nach der Montage der Stühle derselbe Mitarbeiter zukünftig auch die Funktions- und Qualitätskontrolle aus.

7

Sicherheit und Gesundheitsschutz bei der Arbeit

Notizen

7.1 Ergonomie

Lösungen **2.**, **3.** und **5.** sind richtig.

`2` `3` `5`

Nicht funktionale und nicht ergonomische Bürostühle können unter anderem Verspannungen im Schulter-Nacken- beziehungsweise Schulter-Arm-Bereich sowie der Rückenmuskulatur hervorrufen. Folgen sind unter anderem vorzeitige Ermüdung, Nervosität und Konzentrationsmängel und daraus folgend nachlassende Leistung, Fehlerhäufungen und sinkende Motivation. Deswegen ist es gut, wenn die Stühle individuell eingestellt werden können.

Zu 1.: Ein ausgewogenes Preis-Leistungsverhältnis ist sicherlich wichtig, aber es ist kein ergonomisches Merkmal.

Zu 4.: Mehrjährige garantierte Ersatzteillieferung ist ein wichtiges ökologisches und ökonomisches Merkmal.

7.2 Gesundheitsberatung Deutsche Rentenversicherung

Teil I

Lösungen **1.**, **4.** und **5.** sind richtig.

`1` `4` `5`

Zu 1.: Frühverrentungen führen zu einem längeren Rentenbezug und geringeren Einzahlungen in die gesetzliche Rentenversicherung.

Zu 4.: Mehrere Milliarden Euro der Rentenversicherung fließen jährlich in Rehabilitationsmaßnahmen.

Zu 5.: Die älter werdende Gesellschaft führt zu einem steigenden Anteil von Rentenbeziehern und damit tendenziell steigenden Beiträgen. Die Verlängerung der Einzahlungsdauer wirkt dem entgegen. Siehe auch Erläuterung zu 1.

Zu 2.: Die Lohnfortzahlung im Krankheitsfalle wird nicht von der Deutschen Rentenversicherung, sondern von den Arbeitgebern bzw. in Form von Krankengeld von den Krankenkassen übernommen.

Zu 3.: Die Arbeitslosenunterstützung wird nicht von der Deutschen Rentenversicherung, sondern von der Bundesagentur für Arbeit bezahlt.

7.2 Gesundheitsberatung Deutsche Rentenversicherung

Teil II

Lösungen **2.**, **3.** und **4.** sind richtig.

2 3 4

Zu 2.: Mitarbeiter, die erkennen dass der Arbeitgeber sich um ihre Gesundheit kümmert, sind zufriedener und engagierter.

Zu 3.: Insbesondere Langzeitausfälle können durch Präventionsmaßnahmen verringert werden.

Zu 4.: Arbeitgeber, die sich um das Wohl ihrer Mitarbeiter sorgen, haben ein positives Image in der Öffentlichkeit und auch eine höhere Anziehungskraft auf potenzielle Arbeitnehmer. Siehe auch Hinweis zu 2.

Zu 1.: Die Beratung hat keinen unmittelbaren Einfluss auf die Beitragssätze. Höchstens sehr langfristig könnte sich diese Auswirkung einstellen, dann allerdings auch für alle Arbeitgeber.

Zu 5.: Krankengeld wird von der Krankenkasse bezahlt. Der Arbeitgeber übernimmt nur die Lohnfortzahlung für die ersten sechs Wochen der Arbeitsunfähigkeit.

Teil III

Lösungen **1.** und **3.** sind richtig.

1 3

Zu 1.: Die Aufstellung des Kickers führt zu ausgleichenden Bewegungen und ist mit relativ wenig Aufwand verbunden.

Zu 3.: Der finanzielle Aufwand ist überschaubar. Die Rückengymnastik kann z. B. im kurzfristig umzuräumenden Pausenraum stattfinden.

Zu 2.: Die Anschaffung ist mit hohen Kosten verbunden und ein geeigneter Raum muss dauerhaft zur Verfügung stehen.

Zu 4.: Es handelt sich um eine erhebliche Investition und es ist auch fraglich, ob wirklich alle Arbeitsplätze damit ausgestattet werden sollten.

Zu 5.: Zwangsmaßnahmen sind selten zielführend und die Mitarbeiter fühlen sich bevormundet.

7.3 Work-Life-Balance

Lösungen **2.**, **3.** und **5.** sind richtig.

2 3 5

Zu 2.: Home Office erhöht die zeitliche Flexibilität der Mitarbeiter stark. Weit entfernt wohnenden Arbeitnehmern bleibt darüber hinaus zumindest tageweise der stressige Weg zur Arbeit erspart.

Zu 3.: Individuell passgenaue Teilzeitmodelle ermöglichen es Arbeitnehmern vielleicht erst, Kinder, pflegebedürftige Angehörige und Berufstätigkeit unter einen Hut zu bringen. Ansonsten könnte es sein, dass sie ihre Arbeit vielleicht ganz aufgeben müssten. Dadurch gingen den Office Experten unter Umständen wertvolle Mitarbeiter verloren.

7.3 Work-Life-Balance

Zu 5.: Verbessertes Zeitmanagement hilft dabei, strukturiert und effektiv zu arbeiten und nicht ständig unter Stress zu stehen. Die angedachten Seminare dürfen allerdings bei den Mitarbeitern nicht als Versuch ankommen, den Arbeitsumfang weiter zu erhöhen.

Zu 1.: Der Wegfall der gleitenden Arbeitszeit schränkt die zeitliche Flexibilität der Mitarbeiter deutlich ein.

Zu 4.: Eine Einkommenserhöhung ist zwar immer willkommen, tröstet aber nur kurzfristig über nicht zufriedenstellende Arbeitsbedingungen hinweg.

7.4 Lebenslanges Lernen

Richtig ist Lösung **4.**

Zu 4.: Insbesondere Standardlösungen aus dem Produktspektrum Büromöbel können international gehandelt werden. Das ist für die Office Experten Chance und Risiko zugleich.

Zu 1.: Besonders IT-Berufe wie z. B. der Fachinformatiker unterliegen wegen der rasanten technischen Entwicklung einem besonders schnellen Wandel.

Zu 2.: Noch vor zwei Generationen war das ein sehr häufiger Fall. Aber auch schon die Nachfolgegeneration musste sich ständig weiterbilden, um in ihrem Beruf tätig bleiben zu können. Heute gibt es zunehmend Menschen, die im Laufe der Zeit völlig verschiedene Berufe ausüben.

Zu 3.: Die verkürzten Lebenszyklen verlangen eine ständige Anpassung und Weiterentwicklung der Unternehmen und ihrer Mitarbeiter, um am Markt bestehen zu können.

Zu 5.: Der rasante Anstieg der Arbeiten, die im Homeoffice erbracht werden, stellt sehr hohe Anforderungen an neue technische Lösungen und an die Mitarbeiter, mit diesen neuen Gegebenheiten zurechtzukommen.

7.5 Zeitmanagement – Eisenhower-Methode

Die Eisenhower-Methode, auch Eisenhower-Prinzip oder Eisenhower-Matrix, ist eine einfache Selbst- und Zeitmanagementmethode zur Priorisierung von Terminen und Aufgaben. Dabei werden Aufgaben nach Wichtigkeit und Dringlichkeit einem der vier Bereiche zugeordnet.

a) A-Aufgaben – sofort selbst erledigen	2
b) B-Aufgaben – Termin fest einplanen und selbst erledigen	1
c) C-Aufgaben – delegieren	4
d) D-Aufgaben – Papierkorb - nicht bearbeiten	3

7.6 Mitarbeiterschulung Unfallverhütung

Als Erstes müssen die Inhalte mit den möglichen Referenten besprochen und festgelegt werden (g), bevor man sich für einen oder mehrere Referenten entscheidet und eine konkrete Terminvereinbarung trifft (a). Erst wenn die Teilnehmer eingeladen worden sind und sich angemeldet haben (e), macht es Sinn Namensschilder, Teilnehmerlisten, Unterlagen usw. zusammenzustellen (b). Die Raumvorbereitung (f) erfolgt erst kurz vor der Durchführung (d). Im Anschluss können die Teilnahmebestätigungen verteilt werden (c).

a)	2
b)	4
c)	7
d)	6
e)	3
f)	5
g)	1

7.7 Unfallmeldung

Lösung **3.** gehört nicht zur den 5 W's.

Es geht darum, möglichst schnell zu helfen und weitere Folgen zu vermeiden oder abzumildern. Die Frage des Schuldigen kann später geklärt werden.

Die korrekten 5 W's lauten:

1. **W**o geschah es?
2. **W**as geschah?
3. **W**ie viele Verletzte?
4. **W**elche Art von Verletzungen?
5. **W**arten auf Rückfragen!

7.8 Brandschutz

Lösung **3.** ist richtig

3

Mit Hilfe eines auch von Laien bedienbaren Defibrillators soll im Falle von Kammerflimmern die normale Herztätigkeit wieder hergestellt werden, bis ein Notarzt vor Ort ist.

Zu 1., 2., 4. und **5.:** Beim vorbeugenden Brandschutz geht es darum, die Entstehung von Bränden möglichst ganz zu verhindern oder die Ausbreitung zumindest so weit wie möglich einzudämmen.

7.9 Sicherheit

a) **Warnzeichen** sind Sicherheitszeichen, welche vor einem Risiko oder einer Gefahr warnen (hier: Warnung vor Hindernissen am Boden).

2

b) **Brandschutzzeichen** sind Sicherheitszeichen, die Standorte von Feuermelde- und Feuerlöscheinrichtungen kennzeichnen (hier: Brandmelder).

3

c) **Verbotszeichen** sind Sicherheitszeichen, die ein Verhalten, durch das eine Gefahr entstehen kann, untersagen (hier: Mit Wasser löschen verboten).

1

d) **Rettungszeichen** sind Sicherheitszeichen, die den Flucht- und Rettungsweg oder Notausgang, den Weg zu einer Erste-Hilfe-Einrichtung oder diese Einrichtung selbst kennzeichnen (hier: Notruftelefon).

5

e) **Gebotszeichen** sind Sicherheitszeichen, die ein bestimmtes Verhalten vorschreiben (hier: Gehörschutz benutzen).

4

8

Umweltschutz

8.1 Kreislaufwirtschaftsgesetz

Im Kreislaufwirtschaftsgesetz sind die Prioritäten klar geregelt.

§ 6 Abs. 1 KrWG legt fest: Maßnahmen der Vermeidung und der Abfallbewirtschaftung stehen in folgender Rangfolge:

1. Vermeidung	a)	5
2. Vorbereitung zur Wiederverwendung	b)	1
3. Recycling	c)	3
4. Sonstige Verwertung, insbesondere energetische Verwertung und Verfüllung	d)	4
5. Beseitigung	e)	2

8.2 Abfallbewirtschaftung

a) **Abfallumwandlung** bedeutet, dass Materialien durch Recycling entweder im eigenen oder in anderen Unternehmen wieder nutzbar gemacht werden. Z. B. können Pappverpackungen, Drucker- oder Toilettenpapier häufig mit einem großen Anteil Altpapier hergestellt werden. | 3 |

b) **Abfallverminderung** bedeutet, dass der betriebliche Zweck zwar nicht ohne, aber mit weniger Abfall erfüllt wird. Z. B. verhindern unterschiedlich große Umverpackungen, dass unnötiges Füllmaterial verbraucht wird. | 2 |

c) **Abfallbeseitigung** oder **Abfallentsorgung** ist meist die schlechteste mögliche Form der Abfallbewirtschaftung und sollte so erfolgen, dass die Umwelt möglichst wenig belastet wird. Das heißt, dass nach der Trennung die Müllsorten einer individuellen Beseitigung zugeführt werden. | 4 |

d) **Abfallvermeidung** ist das oberste Ziel der Abfallbewirtschaftung. Hierzu gehören z. B. die Nutzung von Mehrwegverpackungen – die allerdings auch irgendwann zu Abfall werden – und der Verzicht auf unnötige Verpackungen. | 1 |

e) **Abfallvermeidung** – siehe Erläuterung zu d)
Die Abgrenzungen sind teilweise fließend. So führt die Neubefüllung von Tonerkartuschen zunächst einmal zu einer Abfallvermeidung. Da sich die Kartuschen aber nicht ewig nachfüllen lassen, könnte man langfristig auch nur von einer Abfallverminderung ausgehen. | 1 |

f) **Abfallverminderung** – siehe Erläuterung zu b) | 2 |

8.3 Einkauf und Umweltbelastung

Lösungen **1.** und **5.** sind richtig.

1 5

Zu 2., 3. und **4.:** Es handelt sich um sinnvolle Maßnahmen, die aber nicht in der Hand des Einkaufs liegen. Die Langlebigkeit der Produkte (2) ist in erster Linie Sache der Produktion und des Vertriebes. Die Erstellung und Auflistung der Abfallströme (3) betrifft den Betrieb als Ganzes und hat als Konsequenz von späteren Maßnahmen vielleicht einmal Auswirkungen auf den Einkauf. Die Zusammenfassung der Auslieferungen (4) betrifft den Vertrieb und den Versand.

8.4 Energieverbrauch

Lösung **2.** trägt nicht zur Erreichung des Zieles bei.

2

Die kurzfristige Belieferung mag unter Vertriebsgesichtspunkten sinnvoll sein, wird aber vermutlich zu einer Zunahme der Auslieferungen und damit zu einem zusätzlichen Kraftstoffverbrauch führen.

8.5 Umweltlabel

Lösungen **2.** und **4.** sind richtig.

2 4

Zu 2.: Das insbesondere für Elektrogeräte, Leuchten, Haushaltsgeräte, Maschinen, Handwerkzeuge, Möbel etc. verwendete Zeichen für Geprüfte Sicherheit zeigt, dass das Produkt bestimmten gesetzlichen Sicherheits- und Gesundheitsschutzbestimmungen entspricht. Das Zeichen ist also vielleicht auf einem Schreibtischstuhl zu finden, nicht aber auf den Verpackungs- und Schutzmaterialien.

Zu 4.: Das Siegel zeichnet Onlineshops aus, die höchste Anforderungen bezüglich Daten- und Liefersicherheit erfüllen.

Zu 1.: Der Blaue Engel zeigt in diesem Fall, dass die Kartonagen zu 100 % aus Altpapier hergestellt sind und damit im Hinblick auf Ressourcenverbrauch, Abwasserbelastung, Wasser- und Energieverbrauch bei vergleichbaren Eigenschaften umweltverträglicher sind als Produkte aus Primärfasern. Die Einzelheiten gehen aus dem unter dem Logo stehenden Link hervor.

Zu 3.: Das sogenannte Möbiusband zeigt an, dass man die Kartonagen wiederverwerten kann.

Zu 5.: Das Zeichen des Dualen Systems bedeutet, dass die damit gekennzeichneten Verpackungen und Schutzfolien über die gelbe Tonne oder den gelben Sack der Wiederverwertung zugeführt werden können.

8.6 Betriebsbedingte Umweltbelastungen

Lösung **2.** dient nicht der Verringerung von Umweltbelastungen. 2

Durch die deutlich verlängerten Transportwege entsteht eine zusätzliche Umweltbelastung.

8.7 Treibhausgas

Richtig sind **1.**, **2.** und **5.** 1 2 5

Zu 1.: Die Aussage ist richtig. 185 Mio. t sind 28,5 % von 649 Mio. t.

Zu 2.: Die Aussage ist richtig.

Zu 5.: Die Aussage ist richtig. 143 Mio. t – 85 Mio. t = 58 Mio. t. Das sind 40,6 % von 143 Mio. t.

Zu 3.: Die Aussage ist falsch. 118 + 108 + 85 + 67 + 56 + 4 = 438 (Mio. t)

Zu 4.: Die Aussage ist falsch. Es gab in manchen Bereichen zwar zwischenzeitliche Erhöhungen, absolut sind die Werte aber in keinem Bereich 2024 höher als in 2020.

8.8 Nachhaltigkeit

Die Lösungen **2.**, **3.**, **4.** und **6.** sind richtig. 2 3 4 6

Nachhaltiges Handeln bedeutet, dass unternehmerische Tätigkeiten wie Einkauf, Produktion und Vertrieb ökonomische, ökologische und soziale Aspekte so berücksichtigen, dass die Lebensgrundlagen zukünftiger Generationen erhalten werden.

Zu 2.: Regionaler Einkauf ist meist ökologischer, da weite Transportwege und damit eine hohe CO_2-Belastung vermieden werden.

Zu 3.: Abfallreduzierung ist ökologisch alternativlos.

Zu 4.: Das ist ökologisch fast immer sinnvoll und auch ökonomisch kann sich das langfristig rechnen.

Zu 6.: Wenn mehr Mitarbeiter den Weg zur Arbeit mit dem Fahrrad statt mit dem Auto zurücklegen, ist das ökologisch sinnvoll. Auch ökonomisch und sozial ist das nachhaltig, da sie gleichzeitig etwas für ihre Gesundheit tun und damit ggf. Krankheitstage reduziert werden.

Zu 1.: Das mag zwar ökonomisch sinnvoll sein, ökologisch sinnvoll ist es keinesfalls.

Zu 5. und 7.: Das mag kurzfristig vielleicht zu einer Ergebnisverbesserung führen. Wenn dadurch aber die Qualität der Produkte und Dienstleistungen sinkt, ist das mittel- und langfristig auch ökonomisch nicht sinnvoll. Sozial nachhaltig ist es ebenfalls nicht, wenn Arbeitnehmer keine langfristigen Perspektiven haben.

Notizen